细说中国史

细说

变幻乾坤
之
三国两晋南北朝

汪宝明◎编著

团结出版社
UNITY PRESS

图书在版编目（CIP）数据

变幻乾坤之三国两晋南北朝 / 汪宝明编著. -- 北京：团结出版社, 2024.1
（细说中国史）
ISBN 978-7-5234-0319-8

Ⅰ. ①变… Ⅱ. ①汪… Ⅲ. ①中国历史—三国时代—通俗读物②中国历史—魏晋南北朝时代—通俗读物 Ⅳ. ①K235.09

中国国家版本馆CIP数据核字(2023)第140326号

出　　版：团结出版社
　　　　　（北京市东城区东皇城根南街84号　邮编：100006）
电　　话：（010）65228880　65244790（出版社）
　　　　　（010）65238766　85113874　65133603（发行部）
　　　　　（010）65133603（邮购）
网　　址：http://www.tjpress.com
E-mail：zb65244790@163.com（出版社）
　　　　　fx65133603@163.com（发行部邮购）
经　　销：全国新华书店
印　　刷：三河市金兆印刷装订有限公司

开　　本：710毫米×1000毫米　16开
印　　张：12
字　　数：200千字
版　　次：2024年1月　第1版
印　　次：2024年1月　第1次印刷

书　　号：978-7-5234-0319-8
定　　价：39.80元

序 言

　　中国是一个拥有悠久历史和灿烂文明的国度，中国作为世界上最古老的文明古国之一，拥有着灿烂辉煌的文化和悠久的历史传承。从五雄争霸之春秋到军阀混战之民国，中国历史如同一幅波澜壮阔的画卷，展现了数千年的辉煌与沧桑。

　　历史的巨轮滚滚向前，在人类历史的长河中，中国历史起着十分重要的作用，并具有其独特的历史地位。这不仅体现在其悠久的历史传承上，更在于它对人类文明的发展产生的深远影响。中国历史可以追溯到数千年前。在这漫长的历史长河中，中国经历了历朝历代的更迭，从夏朝的建立到清朝的灭亡，每个朝代都有其独特的政治、经济、文化等特色。这些朝代的兴衰变迁，不仅是中国历史的重要组成部分，更是人类文明发展的重要见证。

　　这部《细说中国史》系列丛书旨在为读者呈现一幅全面而细致的中国历史图景。以通俗易懂的语言，结合丰富的史事，尽力做到还原历史原貌。

　　另外，历史各期的政治制度、经济发展、科技创新、文化艺术等方面都有着丰富的内涵和独特的魅力。通过了解这些，读者可以更好地理解中国的现代化进程，以及中国历史在世界历史舞台上的地位和影响力。

　　同时，本系列丛书也将关注历史背后的社会背景和文化传承；探讨源远流长的中国文化，如儒家、道家、佛教等思想流派的兴起与传承；展示中国科技的辉煌成就，如四大发明、丝绸之路的开辟等。

　　本系列丛书可以让读者穿越历史的时空，追溯历史的起源，探索历朝历代的荣辱兴衰，感受历史人物的悲欢离合，并寻找历史规律，从而以史为镜，正己衣冠。

总之，衷心希望这部《细说中国史》系列丛书能帮助读者更好地了解中国的历史和文化，并感受其独特的魅力。

　　由于历史的复杂性和多样性，这部《细说中国史》系列丛书难以涵盖所有方面，不免挂一漏万。同时，历史研究也在不断发展和更新，我们将尽可能参考最新的学术研究成果，尽量做到准确且客观地叙述。期待读者在阅读过程中提出宝贵的意见和建议，诚挚感谢。

目 录

第一篇　雄浑的交响曲——三国时代

第二篇 变换的二重奏——两晋、南北朝

第一篇　雄浑的交响曲——三国时代

第一章　序曲

东汉末年，外戚与宦官专权交替，政治黑暗，官场腐朽，正义清流之士被打压，而奸诈不正之风盛行，皇室羸弱，民不聊生。面对此景，百姓纷纷揭竿而起，奋起反抗黑暗腐朽的汉末统治。虽然震惊朝野的黄巾起义最后被镇压，但是强大的农民武装摧毁了汉朝最后的根基。借此机会，地方割据势力逐渐形成，曹操、刘备等军阀迅速崛起。也可以说宦官的祸乱和黄巾大起义揭开了三国乱世的序幕。

宦官祸乱东汉

东汉末年，外戚专权与宦官的政治纷争不断，已日渐呈现愈演愈烈的趋势。当时，一些传统意义上的贵族公卿和清流人士不满宦官的专权及残暴统治，便参与到朝政中力陈己见。而专权的宦官对这些正直的官吏和文人颇为不满，伺机压制或报复，最终引发了历史上有名的"党锢之祸"。

宦官的出身和文化水平与士大夫有着相当大的差距，他们多来自封建社会的中下层，从未接受或者只接受过低水平的教育。因此，宦官与朝臣在心理和思想上很难互通，故而经常发生相互排斥的情况。随着东汉社会和政治危机加剧，这种阶层冲突日益显现。

在宦官的干预下，东汉社会在经济政治等各方面的危机逐渐加深。因为宦官的暴政导致人民生活困苦、田地荒芜、国库亏空。东汉桓帝的大臣陈蕃曾上书皇帝说："当今之世，有三空之厄：田野空、朝廷空、仓库空。"由此可见东汉统治危机的严重程度。面对这种情况，一些忧国忧民的官吏无法坐视不管。

为了缓解国家危机、改善人民生活，以李膺为代表的有识之士联合了一大部分太学生（在国子监学习的学生）发动"清议"活动，与当朝的宦官集团斗争，揭发宦官统治的暴行，对宦官专权造成了不小的舆论压力。

李膺并非无名之辈，而是当时贵族中反宦官的大臣之首，他结识了太学生的领袖郭泰之后，相互支持宣扬议政活动。宦官集团将他们视为眼中钉、肉中刺，不除掉就寝食难安。

这场动摇东汉政权的党政之争终于在公元166年爆发。这一年，专权的宦官集团发动了一场大规模的迫害活动，报复镇压反对者，即第一次党锢之祸。

公元166年，东汉即将面临大赦，宦官赵津等人借此机会为非作歹，犯下大罪。他们以为可以凭借大赦逃脱制裁，没想到成瑨等官员在朝廷大赦之后还是按照律法处置了这些宦官。事情传出，当权宦官向皇帝进言要求重处成瑨等人，汉桓帝仅凭借一面之词就跳过司法程序，将这些官员投入了牢狱之中。

朝中重臣太尉陈蕃和司空刘茂看到皇帝重处成瑨等人，便向汉桓帝进言，为这些正直的官员辩护。陈蕃要求汉桓帝清除朝中的宦官乱党，重新建立清正之风。这引起了皇帝的不悦，要知道当时的东汉，宦官就如同皇帝的家人，日日陪在皇帝身边，所以汉桓帝没有采纳陈蕃的意见。

陈蕃等人的进谏没有取得预想的效果，却招致了宦官集团的怨恨，因此他们开始大肆迫害朝中的清流之士，随之，成瑨、刘质等人被宦官害死在狱中，朝廷和地方的官员，只要是指责宦官暴虐的，一律被免职查办。最终，汉桓帝竟然撤去了陈蕃的太尉一职，并且罢免了司空刘茂。

话分两头，李膺等人也被下狱并且遭受了酷刑，却未屈服。后来，汉桓帝皇后窦氏的父亲出于同情向皇帝求情，负责查办这些官员的宦官也被党人（政治相通的朋党之人）的言辞与行为所感动，终于取消了酷刑。

其实宦官也做贼心虚，他们害怕党人供出事实连累自己，就以天时为由诳骗汉桓帝大赦天下，党人们也借此获得了自由。然而，这些忠心耿耿的臣子虽然获得释放，但是却遭到终身罢黜。

第二次党锢之祸源起窦太后对宦官曹节、王甫等人的保护。

公元168年，汉灵帝即位，窦皇后成为皇太后，汉桓帝时期被罢免的陈蕃再度出任太尉一职，被罢黜的李膺等人也再次获得了重用。

百姓认为太平盛世即将来临，但是朝中贤士却发现宦官曹节、王甫一党经常怂恿窦太后乱发号令，明目张胆干涉朝政。灵帝年幼，于是陈蕃等人向窦太后上书，要求罢免宦官参政的权利。

窦太后毕竟是一介女流，缺少远见卓识，认为宦官参政的现象从汉元帝时期就已经存在，没有强制更改的必要。后来，虽然管霸、苏康等宦官被处死，曹节一党却被窦太后保护了起来。

当时的人们迷信天象，当观察到太白金星经房宿，由上将星入太微垣的现象时，窦武等人坚信这是不祥之兆，于是决定动手铲除宦官曹节、王甫一党。九月，宦官偷盗了休假中的窦武的奏折之后，发现了士人欲除宦官的计划，于是当天发动政变，即九月辛亥政变。

宦官们抢夺印玺假传圣旨，与士人关系密切的宦官被杀死，汉灵帝受到蒙骗，窦太后也被劫持，窦武、陈蕃遭到了朝廷的追捕。陈蕃见状率领几十人就冲进了承明门，最终因为寡不敌众而被擒，之后被害。

受到追捕的窦武起兵反抗，不料刚刚回朝的中郎将张奂被蒙骗，以为窦武起兵叛乱，随即带兵围困窦武。窦武因寡不敌众而自尽。政变之后，窦武的亲属和与其往来密切的人士不是被灭族就是被迫自杀，只有陈逸、窦武几人幸免，而李膺等人则遭到罢黜和终身囚禁。

因为受到蒙骗而酿成大错的张奂被宦官以"平定叛乱"的名义提拔、封侯，张奂自知害死了国家的忠良，拒不受封。过了不久，张奂借由天象为陈蕃和窦武等人平反，并要求重任李膺，迎回窦太后。

幼小的汉灵帝是非不明，由于宦官的谗言而追究起张奂的责任，最终张奂也被皇帝罢免，终生禁锢。此后，也有一些人上书皇帝要求为陈蕃等人平反，却同样遭到宦官的贬职和杀害。

朝中的宦官认为，窦武、陈蕃、李膺等人的名望和影响颇大，就诬陷这些党人图谋不轨，蓄意谋反。汉灵帝听信了宦官的谗言，下令追查党人的势力。这次追查中，李膺、杜密、翟超等百余位党人被投入监狱并被处死，各地遭到迫害的士人竟达六、七百人。

公元176年，党锢再起，此次事件源于永昌太守曹鸾的一封奏折。

曹鸾上书汉灵帝，要求为8年前遇害的党人平反，并解除对他们的禁锢。汉灵帝并没有彻查此事，而是逮捕并处死了曹鸾。紧接着，汉灵帝颁布旨意，罢免朝中所有与党人有关的官员的职务，并将其禁锢终身，株连五族。

局势分析

党锢之祸将东汉的清流人士和太学生摧毁殆尽，致使汉朝政权彻底落入宦官的手中。

宦官是中国古代历史中一股十分黑暗腐朽的政治力量。在宦官专权的统治下，正直的官吏和有识之士往往遭到迫害，人民生活也极为困苦。所以东汉末年的党锢之祸，一方面加速了东汉的灭亡，另一方面也加剧了人民的抗争。

宦官专权有着深刻的历史背景，皇帝对宦官的宠信也有着十分复杂的原因。可以说，东汉宦官的崛起与外戚专权的争斗是分不开的。

东汉末年，外戚与宦官交替专权。东汉时期最具势力的外戚当属梁冀。为了抑制外戚的专权，皇帝不得不借助宦官的力量。

梁冀的两个妹妹分别是汉顺帝和汉桓帝的皇后，梁氏家族势力庞大，而梁冀本人担任大将军，生性骄奢残暴，根本不把皇帝放在眼里。梁冀的妹妹也是心狠手辣，在前朝后宫害死了不少人。迫于梁氏在朝中的势力，不仅仅朝臣，就连皇帝本人也不敢多说一句话。虽然心中愤恨不平，却也无力改变现状。

公元159年，皇后去世。汉桓帝躲在厕所里面单独召见一位名叫唐衡的宦官到身边，询问朝中与梁氏不和之人。之后，汉桓帝又将唐衡所说的几位臣子秘密召到身边，密谋铲除梁氏的势力。于是皇帝依靠唐衡、单超、左悺、徐璜、具瑗5人捕杀了梁冀和宗族亲戚党羽。

之后，汉桓帝封唐衡、单超、左悺、徐璜、具瑗分别为汝阳侯、新丰侯、上蔡侯、武原侯、东武阳侯。后来，几位宦官的生活变得日益奢侈，压榨百姓、大兴土木，除了搜罗天下珍宝美女，还供养旁系亲属，收养儿子作为继承人。自此，外戚专权的局面得到改变，但朝廷的权利逐渐转移到了宦官手中并且日益混乱起来。

就这样，到了东汉末年，皇室、宦官和文化士人的政治角力显现出来，并催生了党锢之祸。

一个巴掌拍不响，若无外戚威势，何来宦官专权？可见宠信宦官的根本缘由还是心怀不轨的朝臣功高盖主所致，只可怜了那些直言纳谏的有识之士成了背黑锅之人。重宦官、轻朝臣，本是东汉中期后皇权制约外戚的手段，却不想过犹不及，当权力的天平一路倾向宦官时，后来的皇帝们也早已在又爱又恨中对宦官之权回天乏术了，也正是这样才造就了一次又一次的党锢之祸。

说点局外事

太学

太学最初建立于汉代的京都长安，名字最早出现于西周时期，是中国古代的一种大学，全国顶级的教育机构，隋朝之后，太学改为国子监。东汉刘秀称帝后十分重视文化教育，太学就是由他一手建立起来的，太学祭酒还兼任掌管国家的教育行政事务。

在西汉早期，国内只有一些私塾，政府并没有设立专门的学校。最初的太学内部设置也并不完善，只有少量的五经博士和博士弟子。随着汉朝的发展，太学中的科目和人数逐渐增多，课程也丰富起来。到王莽执政时期，他为了提高自己的声望，广泛笼络天下文人儒士，又在长安建立了不少学者机构，从而促使博士弟子数量急剧增加，太学规模也到达了前所未有的水平。

黄巾大起义

东汉末年，宦官的势力达到了巅峰，朝廷在外戚和宦官的轮流专政下日渐腐败溃烂，统治黑暗，在民间，地主豪强趁机压榨百姓。据载，当时每个地主几乎都有成千上万的奴仆。在残酷的生存环境逼迫下，百姓揭竿而起，质朴的农民将田间劳作的农具作为武器与统治者们之争。

正当暴乱冲击统治阶层之际，中原地区又爆发了大规模的瘟疫，百姓无粮无药，多数都被饿死或者染病而死。这时，在河北的巨鹿出现了一位贤良道人，他就是后来发动黄巾大起义的领袖——张角。张角的崛起敲响了东汉王朝的丧钟。

张角是巨鹿人，自封太平道的教主、"大贤良师"。他利用符水给人治病的手段传播太平道，吸纳了很多弟子。之后，张角派弟子们到各地去传教，因此太平道在民间流传甚广。

短短十几年，太平道就吸纳了数十万人，教徒遍布全国各地，其中不乏朝廷的官员以及内宫的宦官。张角看到追随他的百姓越来越多，时机也成熟了，便准备发动一场能够真正推东汉王朝的农民起义。

公元 184 年，张角和教徒们约定在三月五日一同起兵，打着"苍天已死，黄天当立，岁在甲子，天下大吉"的口号举兵反汉。不料，在张角起义的准备阶段，起义军内部发生了意外——出现叛徒，这使得张角和各方的起义军的行动不得不提前。

一时间，东汉各地数十万的起义军揭竿而起，起义军都以头戴黄巾为标识，时人称之为"黄巾军"。各地黄巾起义军攻打官府。在短短的一个月时间里，东汉上下七州二十八个郡都先后发生了战事，州郡长官都纷纷逃亡，朝廷的州府也相继被起义军攻克。一场东汉末年的黄巾大起义就这样轰轰烈烈地爆发了。

消息传到京城，朝野上下无不震惊。见这突如其来的农民起义势如破竹，汉灵帝急忙派军镇压。他下令各州郡都严守城池，之后征发全国精兵镇压起义军。

百姓自然不愿加入汉朝的军队，所以只有地方的豪强地主组织武装响应朝廷的征召，协助官军，这当中比较著名的有袁绍、曹操、孙坚和刘备等人。但东汉实力羸弱，民心离散，朝廷的官军没有占到一丝便宜。右中郎将朱儁率领的四万精兵被颍川的黄巾军打得大败而归。北中郎将卢植和东中郎将董卓率领大军讨伐张角，最终也落得个损兵折将，无功而返。

在与官军的战斗中，黄巾起义军渐渐形成了以巨鹿的张角、南阳的张曼成和颍川的波才为领袖的三股大的力量，宛城、广宗和曲阳等重镇都先后被他们攻克。起义军甚至还将汉灵帝的宗亲安平王刘续和甘陵王刘忠擒获，声势如日中天。

虽然黄巾军接连击败了官军，但是在对抗中他们各自为战，缺乏战斗经验的弱势也逐渐暴露出来。官军统帅们看准了黄巾军的弱点，决定联合豪强地主武装并采取分头击破的战术打败起义军。

然而，这个战术并没有奏效。朝廷先派车骑将军皇甫嵩进攻颍川的黄巾军，不料没过多久皇甫嵩的部队就被黄巾将领波才打败，皇甫嵩只得退守长社城（今河南长葛市东），之后又被波才率大军团团围住。汉军刚经历过败仗，士兵数量有了一定的下降，士气低迷。与此同时，汝南的黄巾起义大军在邵陵打败了汝南太守赵谦，广阳黄巾起义军杀死了幽州刺史郭勋和太守刘卫。

黄巾军的势力越来越大，以百姓的激愤为依托越战越勇，并没有因为汉室的镇压而呈现出一点败退的迹象。

公元 184 年 5 月，汉灵帝见皇甫嵩被围困，就派曹操率军前去救援。这个时候，被围困的皇甫嵩发现每天傍晚时分都会刮起大风，于是他急中生智，命令士兵手持火把暗箭在傍晚夜幕大风的掩护下出城，将堆砌在黄巾军营寨周围的杂草点燃。皇甫嵩振臂一呼，所有士兵立即进入了战斗状态，城上也点燃了大量的火把与之相应，皇甫嵩命人击鼓助战，大量将士即刻冲入敌阵，致使黄巾军毫无准备，军士四处奔走逃命。此时，正巧曹操率领的援军赶到，黄巾军遭到皇甫嵩、朱隽和曹操部队的三面夹击，无法突围，被斩杀数万人。之后，官军乘胜追击，彻底消灭了颍川的黄巾军。战事自此发生了转机。

随后，朝廷又派汝南太守秦颉和张曼成的黄巾军对战，张曼成被斩杀，剩下的十多万黄巾军都退守宛城，并试图继续抵抗。当时，身为佐军司马的孙坚独当一面，率领千余名官军奋勇登城，其余的官兵随后跟进，将宛城的敌军全部歼灭，成功征讨平豫州一带的黄巾军。另一方面，北中郎将卢植也在河北一带和张角数次交手，斩杀了数万余黄巾军。渐渐地，黄巾起义的局势被扭转。随着各地黄巾军的相继失败，起义渐渐走向了低谷。

同年，汉灵帝再次派遣车骑将军皇甫嵩率领大军和黄巾军的最后主力在广宗（今河北邢台东部）对峙。这时候黄巾军的领袖张角已经病死了，接替他的是"人公将军"张梁。张梁的部队英勇善战，一时无法攻克的皇甫嵩下令暂时休战以观其变。

而此时黄巾军缺乏战斗经验的这一弱点再次暴露，士兵们见敌军休战，便纷纷变得无比懒散松懈。这正好给了皇甫嵩一个机会。皇甫嵩趁着夜色整兵，天一亮就冲向敌军厮杀，一直战到下午，终于攻破了张梁的军队。这一仗，消灭张梁军队共计三万余人，张梁也被斩杀。

溃败不堪的黄巾军被追至河中，淹死的就多达五万人。官军在攻占了广宗之后，将张角的坟墓挖开，头颅砍下，传首到京师。没过多久，皇甫嵩又联合了巨鹿太守冯翊和郭典将"地公将军"张宝在曲阳杀死，同时斩杀黄巾军十万余人。自此，黄巾起义被镇压了下去。

黄巾起义可以称得上是农民对汉室威信的最大挑衅，然而，汉灵帝却并未因此而改变政策，每日依然纵情享乐。黄巾起义之后，各地不断发生小型的叛乱，出现了很多分散的势力。

公元188年，黄巾余党再次发起叛乱，各部纷纷起事响应，新一轮激战在所难免。

三月，为了彻底将叛乱镇压下去，汉灵帝接受了刘焉的建议，将刺史改为州牧，派宗室和大臣前往管理，让他们拥有各自的地方军政权，以便更好地控制地方，有效清剿黄巾余孽。

然而正是因为汉灵帝的这次下放权力，助长了地方军阀拥兵自重且相互攻击与兼并。群雄之间互相攻击，从而形成了逐鹿中原的局势，东汉皇帝在这些军阀眼中已经没有了任何的威慑力。从这个角度来说，黄巾起义不仅是导致东汉走向灭亡的导火线，而且拉开了群雄割据、三国鼎立的序幕。

黄巾起义是东汉末年百姓不满朝廷腐败的一次集中大爆发，虽说最终它还是被镇压了下去，但是规模如此之大的武装斗争将东汉最后的统治根基彻底摧垮。与此同时，地方豪强、地主势力通过对起义军的围剿，也迅速扩充了自己的力量，进而形成了拥有强大兵力的地方割据势力，为三国乱世的开端埋下了伏笔。

局势分析

黄巾起义是在宗教的旗帜下进行的农民革命运动。张角之所以能够带动起农民起义，一方面是因为农民长期被压迫剥削走投无路，另一方面和张角的"太平道"有很大的关系。太平道在起义过程当中起的作用主要表现在以下几个方面：

第一，在组织起义的过程当中，宗教活动是联系民众的纽带。张角利用传教布道的方式，在下层社会做组织联络的工作，不断招收信徒，发动群众，终于在十几年的时间里组成了一股强大的革命力量。

第二，在起义发动的阶段，宗教理想是鼓舞人们犯上作乱的精神支柱。宗教的神秘预言极大地增强了人们的胜利信心。

第三，在起义遭受苦难的时候，宗教信仰是激励人们战胜困难、坚持斗争的精神力量。虔诚的太平道信徒为了维护自己的信仰，表现出不一般的顽强，许多人都以视死如归的殉道精神与敌人作拼死斗争。

虽说起义的最终目的没有达到，但是黄巾军也摧毁了旧的王朝统治根基，也使存在于东汉后期的豪强地主势力遭到了致命打击。在黄巾起义之后，中国大地上就出现了武装割据和群雄争霸的局面。这个局面既是对东汉腐败的社会结构的否定，也是达到新统一的过渡。从这个意义上说，三国的历史是由黄巾起义开创的。张角作为黄巾起义的领导者，推动了历史前进的脚步。

另外，黄巾起义对曹魏政权的建立也有着一定的贡献：曹操发迹所仰仗的重要军事部队"青州兵"就是他收编的青州黄巾军。这一支部队后来一直都是曹操军中的王牌，战斗力相当惊人。后来，常山的黄巾军头目张燕也归降了曹操，张燕被封为平北将军。因此可以说，黄巾起义为曹操、刘备等军阀崛起创造了非常有利的条件。

说点局外事

太平道

太平道是中国早期道教的一个分支，由汉灵帝时期的张角创立，最初来源于黄老道。太平道的主要经典是著名的《太平经》，宣扬"苍天已死，黄天当立，岁在甲子，天下太平"。《太平经》在中国历史上有着比较特别的意义，它是中国早期道教教义基本形成的标志，对汉代道教的创立产生了十分深远的影响。

太平道的传教方式是以用符水治病为基础，用善道教化民众。经过十几年的发展，就在全国发展了几十万的信徒，可见其魅力之大。太平道向人们宣传了这样的思想：世间是以黄天为上神；黄神创造了人类，开创了宇宙；教徒要信仰黄帝和老子，因为只有在黄帝时期世界才是一片太平的，人民才能获得幸福。张角提出"致太平"的理想，鼓励人民走向一个没有任何压迫、剥削、疾病、犯罪的美好世界。

太平道内部，以张角为大贤良师、黄天和天公将军。可以说，历史上利用宗教发动政治运动的事例并不少见，张角创建的太平道是其中十分成功的一例。

第二章　群雄割据

经历了宦官乱政和黄巾起义，东汉政权奄奄一息。董卓作乱标志着东汉进入了群雄割据的新时期。公孙度、曹操、孙策、吕布、袁绍、公孙瓒、刘备等一代枭雄从这乱世中崛起，开始争夺霸权之路。期间，社会动荡不安，各军阀势力之间不断混战，军阀首领们各显其能。有些原本强大的军事力量被融合、吞并，而一些弱小的势力却生存到了最后。经过连年征战，曹、孙、刘三家势力逐渐崛起成了这一历史时期的主旋律，为即将到来的三足鼎立时期做好了准备。

董卓之乱

东汉末年全国范围的黄巾大起义使得腐败的朝廷元气大伤。与此同时，朝廷的外戚和宦官两派相互攻杀殆尽。就在奄奄一息的东汉朝廷出现权力真空的时候，国内出现了一位改变时局的武夫——董卓。然而他的出现不但没有给衰败的汉室带来希望，反而给苦难深重的国家带来更大的祸害。

董卓是改变东汉末年政治格局的一个关键性人物。在他进京专制朝权之前，东汉朝廷虽然已经从骨子里腐败不堪了，但还是可以硬撑着门面。经董卓之变，国家分崩离析，天下成了群雄角逐的战场，皇帝则成了权臣和军阀们掌中的玩偶。

董卓出生于西北边远地区的一个豪强家庭，和少数民族羌人杂居，从小就养成了粗野凶暴、放纵斗狠的性格。董卓体魄健壮，力气过人，通晓武艺，能够左右开弓骑射。由于他野蛮凶狠的性格，当地人都忌惮他三分。董卓一看羌人非常敬重他，便趁机拉拢当地势力。一时，董卓成了闻名陇西的风云人物，不管是在官府还是在民间都有举足轻重的地位。

汉灵帝时期，大将军何进为了壮大在朝中的力量，便打击和威胁宦官势力，决定采用司隶校尉袁绍的建议广泛联结天下各路豪强军阀，并且召集他们进京拱卫京师。何进的下属陈琳劝阻何进不要草率行事，否则定会劳而无功，增加祸乱。但是何进听不进去。就这样，原本掌控西凉地区军务的前将军董卓便带领着数万精兵，野心勃勃地"受邀"而来。

董卓在黄巾起义的战斗中，因讨敌无功而被免了职，但是没过多久西凉军阀韩遂叛乱了，他又重新被启用。在和羌族叛军的战斗中，董卓率领的军队进退谨慎，在数支朝廷军队中损失是最小的，因此也被晋升为前将军，晋封斄乡侯。

董卓飞黄腾达之后野心以及贪婪的本性逐渐暴露出来，他领兵在西凉驻防，却拥兵自重，以此作为要挟朝廷的筹码，不接受朝廷约束。他的行为引起了朝中大臣们的警觉，他们几次试图通过加封董卓官职的办法削弱董卓的兵权，但是都被董卓以各种荒谬的借口推辞掉了。野心勃勃的董卓手握重兵，虎视眈眈地等待时局变化。

机会终于来了，在汉灵帝死后，董卓被何进和袁绍私召入京。

董卓在宫廷大屠杀的第二天才赶到洛阳的郊外，正好遇上城中起火，一片大乱。一帮臣子拥着少帝和陈留王左躲右藏，正好碰上了董卓的军队。董卓的军队太过凶悍，兵士个个都是面目狰狞，吓得少帝不停哭泣。公卿之中有人站出来让董卓回避，免得惊动了圣驾。但是董卓却以大臣不能匡扶王室为由，将大臣们说得无言以对。好在陈留王聪明机敏，能言善辩，说话十分得体。那时候皇帝已经十四岁了，惊恐得不成样子，但是九岁的陈留王却不失体统，董卓暗暗称奇，就起了废立之心。

这时候的京城可谓权力真空，外戚势力与宦官集团的相互攻杀导致两败俱伤，大将军何进也被杀害。董卓率数万精兵入城，而原属大将军何进和车骑将军何苗的兵马也都归属于董卓。手握重兵的董卓控制了王朝的心脏，野心得逞的他渐渐显露了凶残和暴虐的本性。

董卓私下唆使驻防在洛阳附近的吕布杀死了丁原，并且兼并了他的部队，从此完全掌控了京师的兵权。之后，他以气候久旱不雨为名，逼迫汉少帝罢免了司空刘宏，自己取而代之，他拥有调动天下兵马的权力。同时，他胁迫少帝，独步朝廷的董卓开始了其残暴统治。

董卓的地位巩固之后就开始诛杀异己，首当其冲的"倒霉鬼"自然就是当朝的皇帝——汉少帝。董卓找了一堆的借口说少帝举止轻佻，不堪大任，就把他废为弘农王，立陈留王刘协为帝，陈留王就是后来的"汉献帝"。后来，董卓又借着一个莫名其妙的理由杀死了弘农王，免除了后患。

改立了献帝之后，董卓将自己迁升为太尉，并掌管全国军事和前将军事务。后来，他又自封郡侯，拜国相，跃居三公之首，拥有宰相（实则为丞相）权。这时的董卓虽然是"一人之下，万人之上"的国相，但是实权却远远超越了皇帝。一人得道，鸡犬升天。董卓为自己加官晋爵之后，还利用手中的特权大肆加封董氏家族成员。

为了更加有效地控制皇帝，董卓不顾朝臣反对，胁迫刘协（汉献帝）将都城从洛阳西迁到长安。之后，董卓无视礼制和皇威，在自己的封地修筑了与长安城墙规模相当的坞堡，高达七丈，明目张胆地修建"万岁坞"。董卓定下规矩：任何官员经过他的封地时，都必须要下马，恭恭敬敬地对他行大礼。董卓的残暴本性与政治野心相结合，直接导致了他对东汉政权和社会的巨大破坏。

已经达到权力顶峰的董卓更加肆无忌惮，原本就凶残成性的他变得格外猖獗，董卓率军初次进兵洛阳时，见到城中富足，就开始四处作恶。何太后下葬没多久，董卓就将她陪葬的宝贝席卷一空。为了掠夺民财，董卓就把洛阳和长安的铜人、铜马全部销毁以制铜钱，一下子引发全国通货膨胀，一石谷子能卖到数万钱。

董卓的倒行逆施，引起了天下公愤。最初，董卓为了赚取声望，就假意重用天下士人，袁绍被他提升为渤海太守，袁术被封为后将军，曹操为校尉。接着他又提拔了吏部尚书汉阳周毖、侍中汝南伍琼、尚书郑公业、长史何颙等人，将遭受"党锢之祸"的陈纪、韩融等人封为列卿，又加封御史中丞韩馥为冀州牧、侍中刘岱为兖州刺史、陈留孔伷为豫州刺史、颍川张咨为南阳太守。董卓并没有安排亲信就任要职，只是让他们掌控着一些军权。

公元190年，韩馥等人举起了讨伐董卓的大旗。以渤海太守袁绍为首，后将军袁术、冀州牧韩馥、兖州刺史刘岱、豫州刺史孔伷、陈留太守张邈、长沙太守孙坚、广陵太守张超、河内太守王匡、山阳太守袁遗、东郡太守桥瑁、济北相鲍信等十几路诸侯同时起兵讨董，兵力达到数十万人。讨董义军推袁绍为盟主，袁绍自号"车骑将军"，领司隶校尉。在京城中，有吏部尚书汉阳周毖、侍中汝南伍琼等人作为内应。

董卓知道了诸侯起兵的消息之后，寝食难安，即刻调集兵马前往抵抗，但是却被长沙太守孙坚率领的义兵在阳人聚（今河南汝阳西）一战击溃，大将华雄也被孙坚所斩杀。义兵逼近了大谷（大谷口），距离洛阳只有九十里，仓皇失措的董卓打算放弃洛阳，迁都长安，但是却遭到了周毖、伍琼等朝臣的反对。董卓一怒之下，下令将周毖、伍琼推出斩首，又命人挟持着刘协（汉献帝）西逃长安，一把火焚烧了京都洛阳。

由于各路讨伐董卓义军的人心不齐、各怀异志，初获胜利的义军内部产生了分裂，很快讨董联军就自行解散了。这让兵败西逃的董卓有了喘息的机会，而他的凶残和暴虐也变本加厉。

公元192年四月，司徒王允、仆射士孙瑞和董卓的亲信吕布共同密谋诛杀董卓。一切准备就绪，正好赶上皇帝大病初愈，朝中文武大臣都集会于未央殿，恭贺龙体康复。吕布借此机会，事先安排同郡骑都尉李肃等人带领十多名亲兵，换上卫士的装束隐蔽在宫殿侧门的两边。董卓刚到侧门就遭到了李肃等人的突袭。董卓慌忙向吕布呼救，却只见吕布正襟危坐毫无行动。反抗无果的董卓血溅当场并被株连三族。董卓的死，正是乱世的开始。

局势分析

董卓一生粗暴又满怀私欲，同时野心勃勃。从他发迹开始到率军进京操纵中央政权，始终考虑的都是怎样满足其私欲以及野心。为达到目的，董卓不择手段玩弄权术，践踏法律同时破坏经济，残害人民。他的种种倒行逆施的行为，造成了东汉末年政权极度的混乱，给国家和社会的稳定也带来了巨大的破坏。东汉政权的日趋衰败和最终倾覆虽然是由多种复杂的因素所致，但是董卓的行径无疑加速了东汉政权的衰败。

董卓在早期就已经懂得了武装力量的重要性。他视兵权如命，不惜以各种办法拉拢部下。董卓成为方面军的将军之后，宦官控制的朝廷几次要更换他的军事指挥权。其中有两次，朝廷要以少府或并州牧的高官来削弱他的兵权，让他把指挥权交给皇甫嵩，他都抗命不从，而且他的抗命书总是写的不卑不亢。总之，不管是中央的高官或者地方的州牧，他都不要，他只要军队的指挥权，在这一点上，他比当时中央和地方的文官武将认知水平要务实且高明得多。

说点局外事

王美人

陈留王的生母即王荣——王美人。王荣是赵国邯郸人，王苞的孙女，身材匀称、面容姣好，而且为人聪颖机智，能读书识字。之后，王荣入宫成为汉灵帝的妃嫔之一，被封为美人。

当时，汉灵帝的皇后何氏执掌后宫。她嫉贤妒能又性情倔强，后宫内外对何氏都畏惧三分。王荣怀孕之后很怕皇后的加害就起了打掉胎儿的念头。没想到，王荣服药之后胎气仍然十分稳固。加上多次梦到吉兆，便又打消了这个念头。

公元181年，刘协出生，皇后何氏出于妒忌派人毒杀了王荣。汉灵帝得知此事之后十分愤怒，但是何氏与朝中宦官关系十分密切，宦官们的极力阻拦导致皇帝最终没有罢黜皇后。公元194年，汉献帝刘协追谥王荣为灵怀皇后。

公孙度称王

公孙度，字升济，祖籍辽东襄平（今辽宁辽阳市）人。公孙度的父亲公孙延，为了躲避战乱住在玄菟（相当于今辽宁东部东至朝鲜咸镜道一带）郡做小吏，公孙度因为父亲的缘故而做了郡吏。玄菟的太守公孙域的儿子公孙豹在十八岁的时候就夭折了，恰巧的是公孙度小时候也被大家称为公孙豹，而且和公孙域的儿子同一年出生。公孙域非常喜欢这个孩子，见了小公孙度之后就像见到自己的儿子一样。于是公孙域让经学大师亲自教小公孙度读书，并给他介绍了一门好的亲事。

一开始，公孙度的事业之路可谓平步青云：由尚书郎又被提升为冀州刺史，但由于任期政绩不是很优秀被皇帝免职。恰逢此时，同郡的徐荣担任董卓的中郎将，借着同乡这层关系，公孙度在徐荣地推荐下做了辽东郡太守。

公孙度是玄菟的小吏出身，由于身份低微而被辽东郡的人所不齿。在公孙度做太守之前，他曾经被辽东属国的公孙昭任命为襄平令，并给了他的儿子公孙康一个官职。公孙度新官上任三把火，处理的第一件事就是在襄平街头把公孙昭鞭打致死。除此之外，公孙度将那些对自己出言不逊，结党营私的名门大户田韶等人处死，上任后的严厉处罚措施让一百多户尝到了苦头。但是这起到了很好的杀鸡儆猴的效果，在公孙度的管辖范围内再也没有人敢犯上作乱。后来，公孙度为了宣扬其威名便亲自东征高句丽（相当于中国东北和朝鲜半岛北部），西击乌丸（中国古代北方民族之一），这让他名噪一时。

公元190年，公孙度审时度势，预计国内情势不妙很有可能会爆发一场浩大的战争，于是就意味深长地对自己的亲信柳毅和阳仪说："在如今看来，大汉朝廷上下各怀鬼心，朝廷即将覆灭，我愿意和诸位共谋宏图大业。"当时有一条谶语在民间广为流传，说"孙登当为天子"。公孙度就在民间散布对他有利的言论说：自己姓公孙，字升济，升的意思就是登上天子宝座。言外之意，他自己就是当今天子的第一人选。当时，襄平延里（辽东襄平县延里）祭祀土地神的地方长出了一块长一丈多的巨石，巨石下面还有长着三块像脚一样的小石。公孙度听周围的人告诉他说："这巨石是汉宣帝时留下来的，叫冠石祥瑞。社神代表土地，这不就是说您就是这片土地的主人吗，三块小石不就是三公辅佐的象征吗？"公孙度听了这样的赞美之后更是喜上眉梢。

原河内（广义指今豫北及相邻的河北南部部分区域；狭义指今河南沁阳）太守李敏在郡中为周围人所熟知，对公孙度的所作所为一直耿耿于怀，害怕有一天会遭到他的毒害，于是就将全家搬迁到海中小岛上。公孙度看到李敏离去感到十分恼火。为了一解心中的不满，他竟然将李敏父亲的坟墓挖出来，将棺材置于光天化日之下并把尸骨一把火烧尽，此外还将与他本家有关的亲戚全部杀害。

公孙度还自作主张设置官署，在辽东郡中分出辽西、中辽郡，安置了他的亲信做太守。同时，公孙度又将隔海的东莱的几个县据为己有，设了营州刺史。公孙度自恃自己的地盘一天比一天大，终于野心膨胀自立为辽东侯、平州牧，并追封他的父亲公孙延为建义侯。之后按照礼制在襄平城的南面立坛建庙，昭告天下，拜祭天地。随后，公孙度命人开垦荒田，休养生息严整军队，仿佛自己拥有了整个天下，甚至他坐的车子也是帝王一般的规制与标准。

后来，公孙度在曹操上表皇帝的努力下被封为武威将军，任永宁乡侯。公元204，公孙度去世，其子公孙康继承其位，他的弟弟公孙恭被封为永宁乡侯。

局势分析

公孙度虽然有一定的野心，但是称不上当世豪杰。他一生只蜗居在海外，而不敢和中原人较量。虽说如此，公孙度也是有一定头脑的：在他当上太守的时候，因为不满足太守这个官职想要称霸一方，就趁着董卓和曹操两股势力争霸中原的时候趁机称王（只是自称一方之王而已，并非真正的爵位之王）。

经过一番努力治理，公孙度顺利在辽东以王自居。在他称王期间，因其苦心经营，辽东地区在汉末三国的战乱年代获得了暂时的安宁，当地的生产技术和封建文化都得到了一定程度的发展，这为公孙氏政权的稳定提供了一个非常好的开端。

说点局外事

刺史

刺史是官名，所谓"刺"即检核问事。刺史制度是汉代朝廷对地方实行的一种监察制度，相对完善，具有系统性。汉代的刺史制度是从秦代御史制度演化而来的。西汉后期，刺史制度得到进一步发展，对加强中央集权起到了积极的作用。王莽称帝后，刺史改称为州牧，相对的职权也得到扩大，州牧是地方军事行政的最高长官。

汉武帝时期，御史制度被废黜，全国十三个州各派一名刺史为监察官。汉成帝时期，刺史改为了州牧。经过几次改制，到汉灵帝时期，刺史成了朝中掌握了一个州大权的官吏。到了隋文帝时期，刺史的地位与太守没有两样。从晚唐开始，刺史手中掌握的实权越来越少，作用也不再明显。到宋代，刺史已经成为一种有名无实的虚衔。

刺史制度在中国古代历史上曾经发挥了十分重要的作用。随着时间的推移，刺史制度不断伴随政局变化而变化。

曹操据兖州

在曹操准备占领徐州的时候，后方传来令人震惊的消息：陈留太守张邈造反了，并且伙同陈宫一同拥护吕布，占领兖州（大致相当今河南东北及相邻的山西边缘地区），此时的曹军面临着无家可归的窘境。

张邈和曹操从小就是很好的朋友，关系也特别的密切，在汴水之战的时候，张邈甚至还把自己的军团全部都交给了曹操指挥，而陈宫一直都很欣赏曹操的才华。当兖州刺史刘岱在黄巾军的战斗中战死之后，他马上劝曹操取兖州。他还亲自到兖州刺史府，凭着出众的口才说服了各官吏迎接曹操暂代州牧。可以说，曹操能够取得兖州，陈宫是最大的功臣，这时候的陈宫在曹操的心里有着很高的地位。

因张邈和陈宫在兖州有非常大的影响，结果一天内几乎所有的郡守都倒向了叛军，只剩下荀彧防守的鄄城，夏侯渊、靳允、枣祇还仍然在曹操的旗帜下。

曹操听说兖州有失，立即从徐州撤军赶回兖州。在返回途中，曹操听说吕布没有攻下兖州的鄄城，兵马正屯驻在濮阳，心里很高兴，认为吕布战略失误，一定会失败，于是立即进攻濮阳。

濮阳城内的士族给曹操送信，说愿意打开城门欢迎曹操入城，曹操并没有怀疑，带兵进了城，然后下命令火烧城门，激励将士有进无退。

就在这时，吕布的伏兵从四面杀出，原来曹操中了吕布的计。曹军很快被打散，曹操只好一个人骑着马逃跑，没想到却阴错阳差地跑进了吕布的军营中，吕布的士兵不认识曹操，就问他："曹操在哪里？"

曹操就骗他们说："前面骑黄马逃跑的就是曹操。"吕布的士兵相信了曹操的话，因而曹操这次成功脱险。曹操跑到城门时，城门的大火已经燃烧了起来，曹操冒着大火冲了出来，左臂被火烧伤。

曹操在首战失败之后，再次与吕布交战，打了一百多天也没有分出胜负，后来兖州发生了蝗灾，曹操和吕布都没有了军粮，只好休战。

在蝗灾的影响下，粮食严重短缺的曹军面临着解体的危险。袁绍派人来劝说曹操以家属为人质去投靠他。曹操看到兖州收回无期，军队也毫无斗志，就准备接受袁绍建议，去投靠袁绍。这时候程昱劝阻曹操，说袁绍早就有了吞并天下的野心，只不过他本身的智谋不足，所以一直都做不到，将军怎么能自甘其下呢？曹操听了之后觉得很有道理，就放弃了投靠袁绍的念头。

公元 195 年，曹操暂时缓过气来，便亲自进攻当时吕布驻军山阳的邻城定陶，并且派曹仁攻打句阳（今山东菏泽），结果成功迫使吕布后退。到了夏天，吕布进行反扑，但还是被曹操打败。

退败中的吕布和陈宫会合，聚集了一万多部队。两人一合计，决定打敌人一个措手不及，于是就转身来攻打曹操。曹操没有想到吕布这么快就回来了，之前已经让各部队都分散出去收集粮草，驻扎在巨野的中军只有一千多人。不得已，曹操采取了"空城计"，把留守的一千人统统列阵于营外虚张声势，吕布、陈宫观察到曹操大营的阵势也就不敢贸然进攻。

曹操当天晚上将调回大量的部队全部都埋伏在大堤下面，做好了伏击吕布的准备。而吕布得到了报告，才知道曹操昨天的举动不过是虚张声势而已，心里非常后悔，于是第二天一早便主动进攻。他大模大样地率领骑兵直接突击堤上的曹军中军，结果曹军伏兵大出，吕布军乱作一团……晚上，吕布和陈宫因为害怕在和曹军的决战当中被全歼便连夜逃走，从而曹操成功将兖州全部收复。

局势分析

这一次的叛乱使得曹操认识到了人才的重要性：陈宫的智计高绝，几次都把曹操逼到了死路，如果他不叛变，相信日后一定会达到荀彧或者贾诩那样的位子。不过，关键时刻出现了个有智谋的良臣坚决制止了曹操投靠袁绍的念头，否则曹操的命运就会跟后来的刘备差不多了。

这次的反叛也让曹操认识到了后勤的重要性，在和吕布的战争当中，因为蝗灾严重影响，粮草接济不上，不仅濮阳没有拿下，还因为供应不足被迫解散了大量的官吏和部队，最后只剩下万人，甚至差点投靠了袁绍。从后来坚持不懈大力推广屯田政策的举动可以看出，曹操受到了这次危机强烈的刺激。

这次反叛还让曹操更重视治理军队，即便是后来曹操不断地壮大，但还是始终坚持治军的建设。后来，曹军在官渡之战当中以少胜多，为统一北方打下了坚实的基础。这一场战争对曹操的意义非常重大，对曹操今后事业的发展产生了非常深远的影响。

说点局外事

张邈

张邈，字孟卓，东平寿张（今山东东平县）人，被称为"八厨"（《后汉书·党锢传序》载：度尚、张邈、王考、刘儒、胡毋班、秦周、蕃向、王章为"八厨"）之一，曹操的好友，也是汉末的群雄之一。少时，张邈就以其侠义的性格结识了不少乱世的英雄豪杰。后来，朝廷封他为骑都尉，不久就因业绩突出而提升其为陈留太守。

公元 189 年，董卓作乱，曹操与张邈联手讨伐董卓。成为盟主的袁绍与

张邈不和就命令曹操杀掉他，没想到曹操不仅不听从袁绍安排，反而责备袁绍，并与张邈关系更加密切。

张邈得到了曹操的完全信任，却最终背叛了他。公元194年，曹操出兵讨伐陶谦之后，张邈的弟弟张超等人便开始密谋起兵反曹。他们奉劝张邈离开曹操建立自己的一番大事业，张邈觉得有道理就决定联合吕布。

巨野之战，曹操大败吕布，吕布兵败慌忙投奔了刘备，而张邈只得将张超等人留在雍丘（今河南杞县）。后来曹操攻下雍丘杀尽了张邈的家属，张邈便想要向袁术求救，没想到不仅没有搬到救兵还命丧部下之手。

孙策平江东

孙策，字伯符，出生于吴郡富春，是孙坚的长子，孙权的长兄。作为东汉晚期盘踞在江东地区的军阀，孙策是汉末群雄中的一员，同时也是三国时代吴国的重要奠基者之一，绰号为"小霸王"。孙策为了继承父业，忍辱负重，委曲求全，投奔在袁术麾下，后来脱离了袁术的控制，统一了整个江东地区。但是其不幸在狩猎的时候被刺客所伤，久病不愈，导致死亡，享年二十六岁。之后，他的弟弟孙权继承了孙策的事业。

孙策是江东猛虎孙坚的儿子，也是孙坚最宠爱的儿子。因为孙坚认为孙策最像自己，将来必成大器，有能力掌管兵符，所以给孙策取的字是伯策。孙策也没有让父亲失望，他不仅长相英俊，性格开朗、直率，心胸宽广，还非常善于团结部众，所以很多人都拥护他。父亲孙坚死后，孙策回到老家江都（今江苏扬州）居住，时刻想着为父亲报仇，平定天下。

公元194年，孙策以舅父丹杨太守吴景的名义，招募了几百人，却没想到半路上遭到袭击，人马损失殆尽。无奈之下，他只好到寿春投奔了袁术。袁术很欣赏孙策，他常叹息说："如果我能有一个像孙策一样的儿子，就算是死了也没有遗憾！"

有一次，袁术向庐江（汉初为安徽沪江县，汉末改为安徽潜山县）太守陆康要粮，却遭到了陆康拒绝。袁术只好让孙策领兵攻打陆康，袁术答应孙策胜利之后任命他为庐江太守，于是孙策全力攻打庐江的陆康，很快就拿下了庐江，袁术却没有信守诺言，反而任命手下的刘勋当了庐江太守。

孙策对袁术很失望，想要离开袁术，他对袁术说："我们孙家在江东有些威望，我愿意为你去攻占那里，为你招募士兵。只要我去，最少能招募到三万人帮你平定天下。"

袁术答应了孙策。于是，孙策带着父亲的旧部一千多人和自己的门客几百人离开了袁术，向历阳（今安徽和县）进发，沿途招兵买马。到历阳的时候孙策已经有五六千士兵了。在这以后，孙策摆脱了袁术的控制，开始了统一江东的征程。

扬州牧刘繇死后，江东三分天下，其中以刘勋最强，华歆其次，孙策最弱。庐江太守刘勋向扬州刺史刘繇的继任者华歆借粮，华歆拒绝了刘勋。刘勋很恼火，想要消灭华歆，可是又担心身旁的孙策趁机起势，所以迟迟不敢动手。

孙策给刘勋写了封信，信上说，"华歆的地盘很富有，如果您能起兵攻打他，我愿为当您的后援，相助于您。"这封信写得很诚恳，孙策将自己的地位摆得很低。

刘勋看完孙策的来信后放松了对孙策的警惕，放心带兵去攻打华歆。得知刘勋攻打华歆，孙策立即与周瑜带着军队攻打刘勋的治所皖城。

皖城毫无戒备，很快就被孙策攻破了。孙策攻破皖城之后，俘虏了三万多守军。听到皖城失守的消息，刘勋才知道自己上了孙策的当，马上带着军队回救皖城，然而孙策早已派军队在半路上埋伏。刘勋大败，只好带着残兵败将向北投靠曹操。

就在这时，江夏的黄祖来救援刘勋，孙策大军与黄祖军展开激战。这场战斗中，孙策亲自敲击战鼓，将士奋勇争先，黄祖被打得大败，损失惨重。

击败了刘勋和黄祖之后，孙策乘胜追击，向江东最后一股较大的势力华歆发动了进攻，在孙策强大实力的逼迫下，华歆出城投降。随后，孙策又陆续消灭了一些小股势力。至此，彻底平定了江东，中国南方广大的领土从此掌控在了孙策的手中，孙策开创了吴国的根基，名震天下。

曹操得知孙策平定江东的消息时，正与袁绍逐鹿中原，无暇顾及，只得长叹一声："狮儿难与争锋也！"之后主动与孙策结为姻亲。

局势分析

历史上对孙策的评价是很高的，卢弼说："孙策十七岁丧父，二十六卒，十余年间建立大业，少年英万，勇锐无前，真一时豪杰之士！"

孙策少年英雄，立志为父亲报仇，平定天下，用兵如神打下了庐江，但袁术的失信让他很失望。在意识到袁术并不能成就大业之后果断离开了袁术，从此开启了自己的事业。袁术因为这次失信不仅失去了一名大将，还为自己树立了一个劲敌。

孙策的成功有很多的因素，他本身素质很高，智勇双全，又用人不疑，知人善任。心胸宽广的他能化敌为友，为己所用，这些都十分值得称赞。

说点局外事

华歆

华歆，字子鱼，平原高唐人。华歆见识过人且为人清正廉洁，是曹魏的重臣。汉灵帝时期，华歆被推举担任孝廉，因病辞职后又被召回，成为朝中尚书郎。

公元188年，王芬等人与华歆商议废立汉灵帝之事，遭到华歆的制止。他认为王芬为人粗心大意又没有远见卓识，极力奉劝原本想要参与的陶丘洪从中抽身。后来，王芬果然没有成功，陶丘洪也因此保住了性命。

华歆后来到达徐州，被任命为豫章（古治所为今江西南昌，但其郡域大致相当于今吉安以北除外的江西北部地区）太守。任期内，华歆从不做扰民之事。孙策久闻华歆的大名，便在占领了江东之后将其待为上宾。孙权执政后并不希望华歆离开，但是华歆最后还是找借口离开了孙权，帮助曹操南征北战。公元232年，华歆去世，谥号为"敬侯"。

夜月夺徐州

吕布，字奉先，五原郡九原（五原郡所为九原，今内蒙古包头市九原区麻池西北）人。吕布从小习武，技艺精湛，臂力惊人，擅长骑马和射箭，尤其是善于统帅骑兵冲锋陷阵，所向无敌，威名远扬，故人送外号"飞将"。

吕布被曹操击败之后无路可走，只好投奔徐州的刘备。刘备不仅收留了吕布，还将军事重地小沛（今江苏沛县）城交给了吕布驻守，并且与吕布以兄弟相称。如果不是张飞和关羽阻拦，刘备就把徐州拱手相让了，吕布差一点就拿到了徐州的大印。

刘备之所以想把徐州相让，一来是他觉得在曹操进攻徐州时候，是因为吕布占领了曹操的大本营兖州，曹操才不得不撤回救援兖州，此是吕布对徐州先有大功；二是他很看重吕布的英雄才气，不忍心看他流落漂泊；三是他敬重吕布的威名，认为他可以担当大任。

徐州土地肥沃，物产富饶，袁术看刘备实力弱小就想夺取徐州。公元196 年 6 月，袁术派大军攻打徐州。刘备派张飞守住徐州的首府下邳，然后自己与关羽率领军队去与袁术作战。这一仗打了很长时间也没有分出胜负，双方一直维持着对峙状态。

为了击败刘备，袁术给吕布写了封信，信上说：刘备在外作战，现在徐州空虚，只要吕布夺了徐州，袁术愿意为吕布提供粮草。吕布得到了袁术的书信，马上带着军队在下邳以西四十里驻扎。

下邳城内的守军很多，吕布没有立即进攻，而是一直在暗中等待着时机。一天夜里，下邳城内的将领许耽派来了使者，他告诉了吕布，张飞杀死了大将曹豹，下邳城现在乱成一团，使者对吕布说，这是攻打下邳的好机会；在下邳城的西门有一千丹阳（几经改制，汉末称丹阳县为小丹阳，即今江苏省丹阳市）兵，这些人都非常希望吕布能来，只要吕布能打过来，他们就开城门迎接吕布。于是吕布毫不犹豫地趁着夜色带着兵马准备攻打下邳。第二天天亮，吕布来到了下邳城下，兵士随即就打开了城门将吕布的人马迎了进去，之后吕布指挥部下到处放火。

丹阳兵实际上是陶谦的旧部，因为陶谦本人就是丹阳人氏，其任命的几任下邳相国也大都是丹阳人。这位开城门的丹阳人许耽也是新近归附刘备的丹阳兵将领。当看到张飞杀掉曹豹的时候，丹阳人非常恐慌。因为曹豹不是一般的人物，他是已故徐州牧陶谦旧部的主要将领之一，对于丹阳军团有着很强的象征意义。曹豹之死导致丹阳军团和刘备军队的冲突激化。这时候的吕布就驻扎在距离下邳不远处的西部地区，又受到袁术挑唆并许以军粮供应，也就趁着下邳大乱出兵夺取下邳。

张飞得到吕布进城的消息，立即带人来与吕布作战。因为吕布有内应，所以张飞大败，刘备的妻子和官吏士兵的家属全部被吕布抓了起来。刘备与吕布讲和，吕布这才释放了刘备的家人。反客为主的吕布命令刘备屯驻在小沛，刘备着手收拾残兵，又聚集了万余人马。这招来了吕布的厌恶，吕布兴兵再次袭击刘备，将刘备彻底赶出了徐州。徐州得而复失，失去事业根基的刘备只得带着身边残部和他未竟的志向，投奔曹操去了。

局势分析

吕布能够成功拿下徐州与张飞鲁莽地杀了徐州旧将曹豹一事有着十分紧密的关系。可以说，正是因为张飞的鲁莽行为才让吕布有机可趁，而刘备因此彻底失去了徐州。

相对来说，刘备缺乏长远的战略头脑。从袁术熟知吕布缺粮一事就能看出，刘备虽然接受了吕布但是并没有对他及时支援，即所谓的"管留不管养"。

显然，刘备接受吕布是在战略上的失误。刘备不仅收留吕布，而且疏忽大意到将他留在其心腹之地。如果刘备在吕布投靠之初就将他派到盱眙或者是淮阴，名义上是将这些地方划给吕布治理，实际上是要让吕布帮助他抗拒袁术，这样的话，结果会远远比将吕布放任在下邳城外要好得多。因为吕布和袁绍当时已经闹翻了，那时候他也更加不可能和曹操共处，所以刘备只要对其稍加利用，吕布未必会轻易地和袁术勾搭上。由此可见，刘备失徐州的最根本原因是没有及时将吕布和袁术的矛盾挑起，而这就是刘备缺乏谋略。

说点局外事

徐州

徐州位于黄淮平原地区，三面环山，易守难攻，历来是兵家必争之地。

徐州作为军事要地的原因主要有几点：

第一，便利的交通。徐州地区水路十分发达：向北可达定陶，曲阜一带，向西直达开封、洛阳等重要城市，向南可达南京，江淮一带。另外，自古就有驿站设在徐州，因此在陆路交通方面也处于重要的位置。

第二，人多粮足。由于处在黄淮平原地带，徐州的气候环境很好，十分适宜粮食作物的生长和人的居住，其"丰沛足养九州"。

第三，矿产丰富。战争离不开粮食以及矿产资源，徐州地区能源相对丰富，人口密集。这样看来，拥有如此多便利条件的徐州必然是兵家必争之所。

挟天子以令诸侯

在东汉末年乱世纷争中，曹操是一匹黑马，实力不可小觑。曹操在将兖州握在手中之后，拥有了一定的政治军事资本，从此开始争霸天下。

公元196年，汉献帝刘协在董承等人的护卫下回到了洛阳。历尽千辛万苦的汉献帝发现这时的首都洛阳已经破败不堪了，到处都是战乱造成的废墟，皇帝和大臣们的生活甚至和乞丐没有什么区别。

虽然那时袁绍手下谋臣沮授建议袁绍将汉献帝迎到邺（今河北临漳西，河南安阳北），但是袁绍认为自己实力强大，想要自立为皇帝，所以没有听从建议。同时，曹操的谋士荀彧也建议曹操迎汉献帝到许昌，以谋大计。与袁绍不同，曹操认为荀彧的话有道理，便亲自前往洛阳迎接汉献帝，并将汉献帝安置在自己的势力范围内。

最初，由于董承等人阻拦并没有成功，之后曹操借口洛阳粮食匮乏要送汉献帝入鲁阳，才将汉献帝安全地转迎到许昌。曹操为汉献帝提供优质的生活保障，并且对这位有名无实的天子尊重有加，汉献帝对曹操的行动可以说是感激涕零。

公元196年九月，曹操迁都许昌（即许都，今河南许昌市建安区张潘镇古城村），改年号为建安元年。由于得到汉献帝的欣赏和重视，曹操政治地位迅速得到提升，被封为大将军、武平侯。于是，曹操开始揽权干涉朝政，不久就将朝政大权握在手中，汉献帝随之成为傀儡皇帝，即"挟天子以令诸侯"。这成为东汉历史重要的转折期。

有了汉献帝这个傀儡皇帝，曹操的意识被镶上了"皇帝诏书"的金边，他的一切命令都变得合理合法，这为曹操势力的进一步扩张铺平了道路。但是曹操心里很清楚，将汉献帝迎到许昌的举动，招致了各地方军阀的不满。势力不断扩张，地方豪强不会坐视不管，一定会想尽办法对付自己。虽然曹操的军事实力已经不容小觑，但一旦各路军事力量联合起来共同灭曹，他也是很难取胜的。为了稳定现有的根基并能在将来统一天下，曹操在政治军事和经济发展等方面下了一番功夫。

首先，在政治军事方面，曹操决定采取相对灵活的手段对付各路军阀豪强。刚刚迁都的曹操还没有彻底消灭所有军阀力量的实力，所以他借着"天子"的名号用征讨、招降、加官晋爵等方式削弱这些军事力量的威胁性。

当时的势力分布是这样的：北方的四州之地由袁绍控制，南方是坐拥淮南扬州的袁术，东边的吕布拥有徐州，西边的张绣拥有荆州，曹操掌握着黄河以南的兖州地区，可谓群雄环绕。经过分析，曹操制定了北和袁绍、由近及远、先弱后强、分化拉拢、各个击破的战略方针。

建安元年（196）十月，汉献帝欲封袁绍为太尉。袁绍实力强大、自视甚高，不愿自己的职位在曹操之下，更认为曹操实力不足以与其为敌，于是一脸怒气地拒绝了汉献帝的加封。实际上，曹操并不是没有任何办法对付袁绍，而是顾全了大局——不想因为内部争斗消耗力量而坏了统一天下的大事。

公元197年，曹操攻打屯聚南阳的张绣和兵败吕布的袁术。与袁术一战令袁术带兵退居了淮南，曹操遂将淮北收入囊中。公元198年，曹操向东攻打吕布，成功夺得下邳俘虏了吕布，随后吕布被缢。此外张绣兵败，也投降了曹操。

公元200年，曹操赶走徐州刘备，控制了黄河以南和长江以北的大片地域。在持续的扩张中，兵据黄河以北的袁绍成为曹操最大的阻力，大战在所难免。袁绍与曹操的这次对战，就是历史上著名的"官渡之战"，此战以曹操的大获全胜而告终。

在扩张版图的过程中，曹操称自己的军队为"天子之君"，这让他更容易收纳天下的精兵良臣，在"天子"的统治下，百姓也更加顺从、安分守己。

这时候的汉献帝衣食无忧，却日渐感受到曹操带给他的压力。曹操对汉献帝尊敬有加的同时，不断集权揽权，清除朝廷内部的反对派，扶植自己的势力。进驻洛阳之后，曹操立即赶走韩暹，紧接着杀了侍中和尚书，封赏董承等。稳住根基后，曹操加快铲除异己的步伐，促使其权势不断提高。

在经济方面，曹操开始组织人民发展经济，其中"屯田令"是恢复经济最重要的措施之一。屯田指的是：将农民以军事组织的形式编制起来开垦和耕种国家的土地。对于战乱频发的东汉末期，屯田令的作用和效果十分明显。首先因为战争而流离失所的人们可以获得土地，安定地生活；再者，国家的经济可以得到快速的恢复和发展；更重要的是，曹操借此解决了军粮的供给问题，这为他的南征北战奠定了坚实的物质基础。

曹操在政治上控制了当朝皇帝，在朝廷内部不断扶植自己的势力，经济上实行"屯田令"，进行了改革和发展。有了雄厚的实力，曹操距离自己的目标更近了一步。

◀ 局势分析 ▶

汉献帝刘协也算是一个悲情皇帝了，从登基的那天开始，汉献帝就徒有皇帝之名而无皇帝之实。在战乱时期，汉献帝作为"天子"虽然是最高权力的象征，却没有改变时局的能力。不管哪一路军阀控制住了刘协，都能够以"天子"的名义向各路势力发号施令。这个道理其实很简单，稍微有些政治头脑的豪杰就能明白。

对比袁绍和曹操对待迎献帝这件事的态度，就能发现袁绍终究是成不了大事的。公元196年汉献帝刘协返回洛阳，袁绍的谋臣沮授曾建议他西迎汉献帝，之后挟天子以令诸侯，一定可以获得良好的政治效果。可是袁绍心想，汉献帝有名无实，也没有做皇帝的能力，即便迎回来也是个麻烦，还不如自己称帝号令天下。可见袁绍空有雄兵良将却不懂政治，最终难免落个兵败的下场。

相对来说，曹操的手段非常高明。曹操考虑到天下局势，认为更换皇帝并没有太多好处，反而会遭到旧汉室势力的反对，并会因为舆论的压力而失去民心。所以曹操并没有更换皇帝，而是利用汉献帝的影响力收拢人心，号令天下。曹操对汉献帝表面上的尊敬为他带来了预想中的可观回报：汉献帝授给曹操节钺，录尚书事，任司隶校尉，迁都之后继而任命曹操为大将军、武平侯，位列群臣之首。

东汉末年群雄割据，大多数军阀都有称帝之心，无奈受限于军事实力不足或者民心不一。俗话说，成大事者不拘小节。面对不利的局面，放低姿态可能会带来更多的好处。曹操并不急于称帝，而是致力于扩展势力，收拢民心，此乃成大事者之道。

说点局外事

郑庄公

郑庄公的事迹可能为少数人所知，但是挟天子以令诸侯的故事却是无人不知无人不晓。很多人以为挟天子以令诸侯的局面是曹操首创的，而事实上，郑庄公才是挟天子以令诸侯的鼻祖（其实，历史上真正意义上的"挟天子以令诸侯"的第一位是齐桓公，但首次提出者是战国纵横家张仪）。

郑庄公是春秋初期开创了"郑庄小霸"局面的政治家。对内，郑庄公积极平定叛乱，加强集权统治；对外则推行远交近攻和挟天子以令诸侯等政策。郑庄公的政治手段对春秋时代产生了极大的影响，使得国家日渐强盛起来。

在对待周王室方面，郑庄公只是在表面上给予一定的尊敬，实际上周王室就是一枚为己所用的棋子而已。不过，在进一步争取王室权利方面郑庄公却是采取了十分强硬专横的态度。但正是这样的郑庄公才使得郑国在春秋时期达到了鼎盛。

郑浑巧计击退梁兴

郑浑，字文公，河南开封人。郑浑本是袁术手下的官员，他看出袁术不能成事，就投靠了曹操。曹操听说郑浑品行非常好，就任命他做自己的掾吏，后来又将他升任为邵陵令。

当时有个强盗首领叫梁兴，他经常率领部众攻打各县使得百姓们都十分惧怕他。为了生活，百姓和官员们纷纷逃到郑浑的治所高陵。面对梁兴咄咄逼人的攻势，有人提议郑浑将治所从高陵迁到险要的地方以便据险防守，遭到郑浑的坚决反对。如果将治所改迁就是向梁兴示弱所以绝对不能这样做。郑浑认为，对付梁兴应该采用心理战，从内部瓦解他的部众，让他们自动解散。

郑浑一边修筑高陵的城墙，一边鼓励官吏和百姓打击梁兴的部众。

为了瓦解梁兴军，郑浑还派人到山谷去劝降梁兴的部众，同时命令各县的官员必须回到自己的治所安抚投降的百姓，不许久留在高陵。

郑浑的措施十分有效，梁兴见到部众越来越少便非常害怕。他不敢再攻打各县以及高陵，率领军队退守到了鄜城。没过多久，夏侯渊率领大军与郑浑率领的士兵一起配合，击败了梁兴的部众，斩杀了梁兴以及梁兴的党羽。在这之后，郑浑又打败了作乱的靳富和赵青龙，平定了境内所有的山贼，于是当地的百姓开始安定下来，专心生产。郑浑因为功勋卓著，被升为了上党（今晋东南地区）太守。

曹操在征伐汉中时，任命郑浑作京兆尹。因为老百姓都是新近聚集的，所以郑浑就给他们制定了移居的法令，将人口多的大户人家以及单身独户的人家编在一个队伍当中。温厚诚信的人和孤儿老人结伴为邻，便可以努力耕作。郑浑还十分重视官府禁令的实施，鼓励百姓揭发违犯法令的人。

从那以后，百姓们安心务农，而盗贼的活动也停止了。曹操的大军进入汉中的时候，郑浑所运送的军粮是最多的。汉中屯田时，郑浑管辖区内竟没有逃亡的人。曹操更加赏识他，又把他调入京城。文帝曹丕即位以后，郑浑升任阳平、沛郡二郡的太守。

郑浑管辖的郡内，地界低洼潮湿，老百姓饥饿困乏。于是郑浑在萧县和相县的交界处修筑陂池水坝，开垦稻田。郡里的人都认为这样做不适宜，然而郑浑觉得这里地势低下，有利于灌溉，在这里养鱼种稻也会带来长久的收益，修大坝是能使老百姓富足的好事。

于是郑浑亲自带领官吏和百姓，一个冬天的时间就全部完工。第二年，郡县内获得了大丰收，之后的粮食产量逐年增加，缴纳的租赋是常年的两倍。

老百姓仰赖他带来的好处，撰文刻石颂扬他的功绩，并把修好的陂池命名为郑陂。

后来，郑浑转任山阳、魏郡的太守。因为郡中的百姓苦于缺乏木材，于是他就督促老百姓栽种榆树作篱笆。在郑浑的治理下，村庄整齐如一，百姓钱财宽裕、物用富足。郑浑为当时国家的稳定发展做出了重大的贡献。

局势分析

郑浑是个同时具有军事和政治才能的人。在梁兴大军压境的情况下不但没有惊慌失措，反而通过种种措施来减弱梁兴的势力，为最后打败梁兴奠定了基础。后来，郑浑从政，帮助当地农民改善了生活，因此深受农民爱戴。在曹操征伐汉中之时，他又制定了移居之法，同时向汉中提供军粮和派民众到汉中耕作生产，因此深得曹操欣赏。

郑浑为官清廉朴素，因此他的妻儿常常忍饥挨饿。后来，魏明帝听说了他的事情，便将他的功绩公告于全国。郑浑逝世以后，朝廷下诏将他的儿子郑崇封为郎中。后世司马懿经常以郑浑的事迹来勉励后代。

说点局外事

郑众

郑浑出身名门，是东汉著名经学家郑众的曾孙。从12岁开始，郑众就在父亲，当时的著名经学家郑兴的指导下学习经籍。学习的著作包括《春秋左氏传》《易经》《诗经》等。郑众知识渊博，也是一个十分守规矩的人。汉光武帝时期，郑众以其宁愿赴死也不犯禁的性情受到尊敬和礼遇。

郑众曾经作为汉朝的使者出使北匈奴汗国。北匈奴单于要求郑众下跪礼拜，被郑众断然拒绝，于是单于大怒将郑众软禁起来。没想到郑众竟然毫无畏惧，还拔剑以死相逼。匈奴单于害怕了，这才派人将郑众送回国。

郑众一生做官清正廉明且直言上谏，即使遭受弹劾仍要坚持真理，也因此深得尊重。公元83年，郑众于任内去世。

袁氏兄弟相争

袁绍，字本初，汝南汝阳（今河南汝南县附近）人，出生于中原袁氏望族。从他的曾祖父开始，袁家四代人有五位荣登"三公"（古代官名，说法不同汉末改为太尉、司徒、司空）之列。袁绍在北方称雄之时，曹操已经把汉献帝劫持到了许昌。之后袁绍向朝廷邀功请赏，由于曹操还不是袁绍的对手，不敢得罪他，所以就封袁绍为太尉。袁绍一看朝廷的"大将军"头衔在曹操那里，非常不满意，就又给曹操施压。曹操没办法，只好以朝廷名义再给袁绍封个"大将军"的头衔。此时，袁绍所拥有的荣誉已经超越了其家族中的所有人。

很多人都觉得袁绍好谋无断，没有英雄气概，完全就是一个纨绔子弟。但实际上，袁绍也有果敢勇猛的时候，比如在公元 192 年的界桥之战中，袁绍就表现出了非常勇猛的气势。

东汉末年统治黑暗的年代，宦官专政残酷迫害以官僚士大夫和太学生为代表的"党人"。袁绍虽然自称隐居表面上不妄通宾客，其实在暗中结交党人和侠义之士。袁绍的密友当中还有曹操，他们结成了一个以反宦官专政为目标的政治集团。当时袁绍的活动引起了宦官们的注意，中常侍赵忠愤然警告袁绍。袁绍的叔叔听到风声之后，斥责袁绍说他是在败坏袁家。

袁绍冒着危害家族利益的风险结交党人，为他赢得了良好的政治声誉。不仅如此，大将军何进在诛杀宦官的时候，袁绍带兵入宫下令关闭宫门，共斩杀男女老少 2000 多人。董卓准备废少帝，袁绍对此非常不满。但由于害怕董卓的威势袁绍只能选择离开洛阳，逃奔到冀州。袁绍参与诛杀宦官的行动和反对废立皇帝的举动，帮助他积累了不少政治资本。

但是袁绍的弟弟，也就是同父异母的弟弟袁术打心眼里看不起袁绍。袁术在能力上比袁绍差一大截，却心高气傲，不服兄长。袁术起兵时的家业也不算太差，他笼络了长沙太守孙坚为部属，孙坚领军出征，袁术在后方提供粮草补给。孙坚是盟军当中最英勇善战的角色，为袁术捞到了不少好名声。

随着孙坚打了越来越多的胜仗，袁术担心孙坚图谋不轨就有心牵制他，于是不运军粮给孙坚。孙坚在得知情况以后连夜赶回，并且严词斥责袁术，袁术深表惭愧。可当孙坚得到了传国玉玺的时候，袁术却再一次翻脸不认人。

袁术得到传国玉玺之后不顾当时形势便做起了当皇帝的美梦。袁绍主张拥立刘虞为帝，请求袁术支持，然而袁术认为袁绍故意寻他晦气，又因为兄弟间积怨已久，便就此翻脸。袁术开始转而和公孙瓒以及陶谦等人结盟，意图排挤袁绍。袁绍联合刘表，想南北钳制袁术。最后兄弟相争转化为袁术联合孙坚攻打刘表。

就这样，袁术前后笼络了七八个诸侯不停地进攻袁绍及其盟友，但是屡战屡败，时局也变得对他越来越不利。袁术觉得大限将至，便于公元197年匆忙登基，自称天子。袁术登基之后，他在江东的势力几乎全部被孙策"吃掉"了；吕布也趁火打劫；曹操更是给了袁术致命一击。这期间，北方实力强大的袁绍却冷冷地旁观袁术被围困。公元199年，袁术最终难以支撑而想将帝号归于袁绍，遗憾的是，在投奔袁谭的路上被刘备截击，袁术无奈，败退到江亭。不久，袁术吐血而亡。

局势分析

袁术到最后之所以会落个这样的下场是有两个原因：

首先，时机不成熟，袁术过分急于称帝。其实，不管什么时候称王称侯，实力都不会因为称呼而改变和增加。一些山贼和土匪只是霸占几个村庄就敢自称皇帝这不仅无济于事，而且更显荒唐可笑。时机不成熟就称帝，无疑是弊大于利。不仅如此，还为他人提供了快速获利的条件：只要有实力的人都可以借着讨伐反贼的名义对那些急于称帝的反叛发起进攻。这就是所有时机不成熟就称帝的人所要面临的共同问题。

其次，袁术个人性格问题。在袁术、曹操、吕布这三方当中，袁术实力最强，其次是曹操，再次是吕布。袁术最优选的策略就应该是攻打曹操。但是，袁术没有攻击曹操，而是一直纠缠徐州的刘备和吕布。如果说袁术帮皇帝"除奸"或者帮助他的哥哥袁绍扶持刘虞为皇帝，那么局面也会好得多，而这些好机会就这么被袁术白白浪费掉了。

袁术的死给袁氏的大家族开辟了一条血雨腥风路，但是后来的袁绍不但没有吸取教训，反而重蹈覆辙，从而导致官渡之战失败，这也加快了袁氏家族的衰败。

◥ 说点局外事 ◣

四世三公

简单来说，四世三公就是指的一个家族世代身居高位。"世"即父子相继。

西汉时期的三公指的是司马、司徒、司空，后来改为太傅、太师、太保。秦朝时期没有设三公，西汉初期沿用了秦朝的制度，从武帝开始才设立了丞相、御史大夫和太尉三公。汉成帝时，大司马、大司空和丞相被称为三公。

袁氏家族的四世三公指的是：汉代司徒袁安，司空袁敞，太尉袁汤，司空袁逢，太傅袁隗等四世居三公位。

官渡之战

知己知彼，百战百胜。这是古代兵家总结出的一条重要的战争规律，是孙子兵法最光辉的军事思想，"知己知彼"就是为了"运筹于帷幄之中""决胜于千里之外"。纵观古今中外历史，有关"知己知彼，百战百胜"的事例举不胜数，其中最具典型的事件之一就是三国时期以曹操和袁绍为主角的"官渡之战"。

公元 196 年，曹操迎献帝移都许昌后有两股势力对曹操构成了威胁，其中一股势力就是河北的袁绍。袁绍在消灭了公孙瓒之后势力已经覆盖了冀、幽、青、并四州的广袤疆域，麾下有强兵十余万，成为黄河以北当之无愧的霸主。到此时，对于袁绍来说最大的敌人就是曾经的盟友、占据着兖、徐、豫三州的曹操。

虽说此时曹操的事业发展是蒸蒸日上，但是和北面的袁绍比起来不论是兵力、经济还是人才都相对逊色。所以，曹操对于袁绍一直都采取的是"怀柔"的政策，不断地向袁绍示好，以此来争取时间积聚实力。

相比较之下，袁绍明显占很大的优势，但是袁绍那种好谋无决、优柔多疑的性格却显露得非常明显。也因为这样，慢慢地袁绍也失去了很多优势。

在曹操迎奉天之前，袁绍手下沮授就向袁绍进献了"挟天子令诸侯"的策略，并且奉劝袁绍将汉献帝接到邺城，只不过袁绍实在缺乏远见，放弃了这个唾手可得的机会。等曹操将这一策略实现了，袁绍才开始后悔，同时又派出使者和曹操商量，想将天子接到离他比较近的鄄城。当然，曹操拒绝了袁绍这个无理的要求。

没过多久，曹操就以天子之命将袁绍封为太尉，然后将其封为大将军。袁绍得知了自己位列曹操之下，气得火冒三丈，当即拒绝接受该任命。他破口大骂："曹操早就该死好几次了，要不是我出手相救，他哪能活到今天？现如今他竟然敢背信弃义，挟持天子来命令我了！"

曹操听闻此事，即刻将自己大将军的职位辞掉而转任司空，把大将军的高位送给了袁绍，同时加封袁绍为邺侯。但是袁绍仍然不依不饶，虽然表面上是接受了大将军的职位，但是推辞掉了邺侯的封号，以示对曹操的不妥协。

一来二去，袁绍和曹操之间的矛盾越来越明显，因而他们发起对战也是迟早的事。

公元 198 年，曹操进攻吕布，吕布被杀，至此黄河以南地区尽归曹操，形成足以和河北袁绍抗衡的势力，因而官渡之战随之爆发。

但曹操做了非常周密有效的部署：他采取以攻为守的战略，派遣大将藏霸率领精兵攻入袁绍控制的青州，占领北海、东安等地，以此牵制袁绍来巩固其右翼；同时又命于禁率军驻守黄河南岸的重要渡口延津，协助太守刘延，以阻止袁绍大军渡河和长驱南下；他自己则亲率主力在官渡一带筑垒固守，迎击袁绍的正面进攻。

曹操知道自己实力尚不如袁绍，同时也非常了解袁绍这个人的性格以及做事风格。因此他果断放弃了分兵把守黄河沿线的战法，采取集中兵力把守各个隘口的策略。

再看袁绍，正如曹操所想，在决定成败最关键的时刻暴露了他优柔寡断的弱点。起兵南下时，袁绍的谋臣当中对出兵时机的问题发生了争执。争执双方的意见一直得不到妥协，这时候本应该果断做出抉择的袁绍却犹豫不决起来。谋臣们也都捉摸不透袁绍的心思，私下里就相互说对方的坏话，袁绍一时乱了手脚，于是听信郭图谗言贸然出兵，并且还削掉了监军田丰的兵权。

公元 199 年，袁绍挑选精兵准备渡过黄河南下。这个时候却传来了刘备占据徐州，准备起兵反曹的消息。面对这样的大好时机，谋臣田丰力谏袁绍出奇兵袭击曹操的后方，大事就可以定，但是袁绍却以自己的儿子生病为由，又拒绝了田丰的建议。田丰极度失望，狠狠地将手杖摔在地上，长叹一声："遇到这样难得的机遇，竟因为孩子的疾病而失去了，可惜啊！"没过多久，曹操就亲征徐州，刘备落败，袁绍失去了两面夹攻曹操的最好机会。

公元 200 年 2 月，袁绍大军进驻了黎阳（今河南省浚县东），之后派遣大将颜良渡河进攻白马（今河南滑县东北），曹操当时只有三四万的兵马，不能硬拼。到了四月，曹操采纳荀攸的建议出兵延津（今河南延津县），做出要渡河袭击袁绍后方的态势。袁绍果然中计了，分兵来攻。与此同时，曹操直接率兵突袭白马，将颜良斩杀解了白马之围。

大将被杀，袁绍非常愤怒。他率大军渡过黄河，追击曹操，曹操又以在白马所获得的辎重为诱饵，分散袁军的兵力，趁势击斩袁绍另一勇将文丑后，便顺利地退回官渡。虽然曹操获得了短暂的胜利，但是长达数月的消耗和僵持，曹操的军粮将尽。沮授劝袁绍利用兵多粮足的优势，延缓进攻的速度，以此来消耗曹操的实力。但是袁绍不听，并且在八月时对官渡展开了全面进攻。

到了九月，曹操派遣徐晃于官渡北突袭袁绍，焚烧其粮车千余辆，袁绍又让淳于琼督运粮饷至官渡东北方的乌巢。袁绍的谋士许攸投靠了曹操，并将这一机密透露给了曹操。曹操果敢决绝地留下一部分人马固守基地，自己则率兵五千，穿上袁军的服装在夜间偷袭了乌巢。袁绍知道以后，顾不上粮草被劫事宜就对官渡进行了猛烈地攻击，结果淳于琼被杀，万余车粮草都被烧。袁绍军心顿时涣散，众将领见大势已去都纷纷率众投降。在曹操的反攻之下，袁绍兵败、溃不成军，便率领八百多人逃回河北，曹操胜利。

官渡之战，袁绍一方实力强大却终被势力薄弱的曹操所攻破。不难看出，袁绍兵败的内因正是他优柔寡断的性格，而曹操也正是抓住了袁绍的这一弱点才能在改写历史也改变他命运的官渡大战中取得全胜。

局势分析

官渡之战，是曹操和袁绍之间一次非常重要的战役。就双方的兵力来言，曹操是远远不如袁绍的，但是结果却是曹操消灭了袁绍。曹操之所以能够"以弱胜强"，最终取得胜利，最重要的原因就是曹操在战争中指挥正确，因为这种指挥符合了双方的客观实际。

战胜力量的优势和劣势不仅是表现在兵力的大小和军队素质的高低上，它也表现为运用兵力的策略。很显然，在官渡之战当中，曹操不但知己知彼而且善于充分运用可以利用的条件；但是袁绍却不一样，袁绍手握重兵十万，却死死握着没有运作，说白了就等于白握。荀彧说袁绍只会聚集人众却不会运用，这个评价真是一针见血。

官渡之战以前，曹操东征刘备，把兵家之大忌的两面作战变成了兵家之利，终于取得了战争的胜利。这其中最主要的原因就是曹操抓住了袁绍遇事迟钝、行动迟缓的特点，同时采用声东击西，分散了敌人实力的策略。

也是因为他掌握了袁绍胆小怕事的特点，袁绍如果分秒必争地强渡黄河，和颜良会师，那么曹操未必能胜利。在最重要的决战当中，许攸的到来使曹操摸清了袁绍的底牌，看准了袁绍的薄弱环节，进而才能做出了一举战胜袁军的决策。这个事实充分地说明了"知己知彼百战百胜"的重要性。

说点局外事

许攸，字子远，南阳人，帮助曹操赢得了官渡之战的胜利。但是因为许攸在后来总是居功自傲，口出狂言，终被曹操所杀。

许攸年轻的时候就认识了袁绍和曹操等人。公元199年，袁绍消灭公孙瓒之后拥有了称霸一方的实力，之后就打算起兵攻打许都。这时候的许攸正在袁绍帐下效力，没想到袁绍毫不留情地抓捕了许攸家中的犯法者。这让许攸很气愤，便转投了曹操。

许攸到达曹操处，将袁绍军中的情况和盘托出，并给曹操献上乌巢烧粮的计策，进而帮助曹操大破袁绍军。

衣带诏事件

刘备本是西汉皇室的后代，生于河北涿州，自小没了父亲，家境贫寒，跟着母亲以贩鞋织席为生。后来，靠着乡里乡亲的帮忙，刘备才勉强读了一段时间书。刘备不喜欢读书，这不是因为他贪玩不懂得上进，而是因为他和一般人不同，最爱结交乱世豪杰。

后来，刘备果真得到两位财阀（《三国志·先主传》载，中山大商人张世平和苏双"赀累千金"）资助，开始招兵买马，组建团队。招募人员的过程中，刘备遇到了一生中最重要的两位兄弟：关羽和张飞。关羽和张飞实力不凡，刘备待人宽厚仁义，三人又志同道合就很快结成了兄弟（但"桃园结义"不是历史，为小说家演绎故事）。不过，刘、关、张三人确实如《三国志·关羽传》载，"寝则同床，恩若兄弟"。虽说"若"兄弟，但是毕竟是封建的君与臣关系。

汉献帝回到洛阳之后，曹操将皇帝迎到了许都（即许昌），形成了"挟天子以令诸侯"的政治局面。此时的刘备只是割据一方的小军阀，势力羸弱。在遭遇袁术和吕布双重势力夹击而兵败后，万不得已就投奔到了曹操帐下。归顺曹操之后，刘备在曹操的帮助下转回头攻打吕布，称霸一方的吕布因而被消灭。

曹操十分器重刘备。战后，刘备在曹操的推荐下担任了朝廷左将军。可以看出，曹操是个真心爱才之人，对刘备处处表现得尊敬有加。刘备在朝廷中的这一段时间，两人关系十分亲密。但是，曹操越表现出尊敬，刘备内心越发不安。这是因为刘备并不想要一直屈居于曹操帐下，他心中有着更为远大的理想。

实际上，虽然曹操很看重刘备，但是暗中也在提防着他。刘备的表现十分完美地蒙蔽了曹操的双眼。有时，曹操会派人观察刘备在家中的动静，之后见刘备毫无反叛之意也就渐渐放下心来。

而这表面上的平静很快就被朝廷内部的叛乱局面打破了。曹操挟天子以令诸侯，在朝廷中独断专权，汉献帝成为傀儡皇帝。汉室外戚董承与曹操之间矛盾激化，董承便宣称获得了汉献帝的衣带密诏，与亲信们密谋除掉曹操。

自然地，董承等人暗中找了皇叔刘备商议，希望刘备能祝他们一臂之力，而刘备一开始并没有答应他们，直到曹操与他"煮酒论英雄"。

　　董承等人密谋政变的事情没过多久，曹操就请刘备一同喝酒。酒席宴上，两人畅谈说笑，聊得十分投机。但是很快，军国大事的话题就被提了出来。曹操举起酒杯看似随意地向刘备提问："您以为现在有几个算得上真英雄？"刘备表现十分谦逊，说道："这我说不好。"于是曹操笑着对刘备说："在我看来，当今世上的英雄只有你我二人，袁绍之流实在算不上豪杰。"

　　刘备一听曹操这话，还以为与董承等人密谋之事暴露，心中十分震惊，一时间吓得筷子都掉在了地上。正在这时，打起了响雷，刘备赶忙借口这是因雷声惊吓所致，才将他的窘迫掩盖了过去。但经过此事，刘备更加确信曹操心中已将自己视作对手，二人将来必定反目。于是，刘备也不再顾及什么，便秘密联系董承等人，答应共同铲除曹操。与此同时，他还千方百计寻找离开汉室许都的机会，为随时脱身做好准备。

　　恰逢此时，曹操派刘备到徐州阻击袁术的军队。刘备领命后，就带着关羽和张飞快马加鞭离开了许都。曹操的谋士郭嘉等人一看刘备出了城，立刻跑到了曹操身边说："不能放走刘备这个野心勃勃的人啊！"这时曹操才突然醒悟，后悔自己放走了刘备。然而，这时曹操再命人出城追赶刘备已然为时晚矣。

　　刘备率兵战胜了袁术军后夺取了徐州，便决定再也不返回危机四伏的许都。刘备原本在徐州就有很好的声望，于是他扯旗造反，宣布脱离曹操的控制。曹操听闻刘备反叛十分气愤。这时董承等人密谋政变的消息也传到曹操耳朵里。于是曹操在杀掉董承等人之后就开始准备征讨刘备。

　　此时，吞并幽州等地的袁绍对外扬言要攻打许都，曹操手下的谋士规劝他应该将主要精力放在实力强劲的袁绍身上。曹操采纳了郭嘉等人的建议，将一部分精兵留下，自己则亲率大军进攻刘备所占据的徐州。

　　刘备见曹操大军袭来自知抵挡不住，于是像袁绍求救，袁绍没有听从手下谋士的建议出兵许都。战局结果一目了然，刘备兵少将寡根本不是曹操的对手，只得放弃徐州而投奔到袁绍帐下。

局势分析

董承是汉献帝后宫董贵人的父亲，同时是东汉末年的汉室将领。公元196年2月，董承等护卫汉献帝回朝的将领之间发生了权利争斗。韩暹攻打董承，董承则被张杨遣去修缮宫殿。公元196年7月，汉献帝几经周折终于回到了洛阳。之后董承升迁，并于韩暹二人负责守卫皇宫，杨奉、张杨则负责守卫洛阳城。

过了不久，韩暹自恃功高开始干预朝政大事，平日做事也是目无法纪。董承看到这种情况，忧虑之际便密诏曹操进宫。之后曹操入朝趁机列举了韩暹、张杨等人为非作歹的事实引得韩暹大为慌乱，直接投奔了屯居在外的杨奉。之后，董承等人被封侯，汉献帝在曹操的护卫下迁居许都。

这样看来，董承确实是刘汉皇室的一大功臣。可是在汉献帝被迎入许昌之后，曹操就开始总揽朝政大权，蛮横专断，这引起了董承的强烈不满。但是，董承等人实力不及曹操，想要发动政变并不容易。于是董承对外宣称拿到了汉献帝的诏书，召集亲信密谋杀掉曹操。就此，衣带诏事件爆发。

说点局外事

桃园三结义

桃园三结义被记录于《三国演义》中，讲述的是刘备、关羽和三人张飞义结金兰，共同开创了一番大事业的故事。自古中国民间就流传着"桃园三结义"，情谊比天高的说法。

东汉末年，生活贫困的皇叔刘备结识了武艺高强又重情重义的关羽、张飞二人。三人结义的经过时常被人们津津乐道。

起家前，刘备依靠织席贩履为生，关羽卖绿豆，而张飞是一个卖猪肉的屠户。夏日的一天，张飞杀了猪之后担心一时无法卖完，就打算将猪肉吊到井中镇一镇。于是他将肉挂在井口并盖上一块千斤石，并在石上写了"谁能揭开石板，可拿走一刀好肉"几个字。

张飞走后，关羽推着一车绿豆走到了井边想要喝点水解渴便将井口的石头移开。这时候，关羽发现了石头的字，于是割下来一块肉离开了。张飞回来之后发现肉被人割下一块就去找关羽算账。

二人争执不断，刘备就走上前劝阻。虽然刘备身材瘦弱，穿着也破破烂烂的，但是却很有实力。他见劝阻不成就直接上前抓住了二人的手臂将他们分开。关羽张飞一看刘备身手不凡，就由衷产生了敬佩之情。之后，三人越聊越投机，最终在桃园中结成生死兄弟。

乌桓之败

田畴，字子泰，年轻的时候喜欢读书、击剑，见义勇为，名扬一方。他曾在幽州牧刘虞手下为官，后来才遁入徐无山成为隐士。当时战乱四起，而田畴每每想起乌桓人曾经多次诛杀他郡中的士大夫就愤恨不已，虽然想要以武力征讨却无奈力量薄弱，不足与之相抗。

公元207年，曹操北伐乌桓。还没抵达目的地曹操就先派遣使者请来田畴，他命使者向田畴表明自己的态度立场。田畴令他的门客赶紧收拾行装，准备为曹操当进攻乌桓的向导。门客不解地问："从前袁绍对您很是仰慕，三番五次派人来请，您也无动于衷，为何曹操才来了一次，你就命我们收拾行李了？"田畴微微一笑称："这些说了，你也不会懂的。"于是田畴就随使者来拜见曹操，曹操授予他司空户曹掾一职，并请他共商大业。

曹操率军征伐乌桓是有其战略目的的。曹操在官渡之战歼灭了袁绍的主力之后，袁绍的儿子袁尚以及其余部都逃到了乌桓。为了防止袁氏势力卷土重来，保持中国北方的统一和安全，曹操必须征伐乌桓，打垮这股日渐强盛的军事力量。但是乌桓的部队强悍骁勇，曹操深知不可轻敌。另外，当时正是夏天，通往乌桓单于驻地的道路已经被滂沱大雨淹没了。曹军进退不得，陷入了困境，这个时候如果找不到熟悉地形的人及时帮助曹军摆脱困境，其后果真是难以想象。

曹操对此颇为忧虑，于是向田畴询问好的应对方法。田畴答道："此路一到夏秋就常常积水，坑洼遍布，最浅的地方车马也难以行进，最深的地方也不能渡船而过，当真是寸步难行。从前北平郡的治所在平冈，只要从卢龙通过，抵达柳城（今辽宁朝阳柳城街道袁台子村）。建武年间以后，道路摧毁殆尽，如今也将近两百年了，偶有小路可以过人。现在敌军以为我们无计可施，无路可走，尝试过后不能行军必然撤兵，所以他们并没有十分戒备。若我军偷偷地撤军从卢龙口越过白檀（今河北滦平东北小城子）险峻之地，从那里撤出后便到了旷阔的地方，路途又近，相对也便利一些，我们就可攻其不备去偷袭他，如此也可以免去激烈的交战，减少伤亡，轻易擒住三郡乌桓首领。"曹操连声说好计，就佯装撤兵，在水边一个木桩上写道"如今正值大暑之季，道路坑洼难行，等到秋冬道路畅通，必来再次攻打"。这木牌被乌桓派出的侦察兵发现后通报了乌桓首领，乌桓首领以为曹操是真的撤军了。

曹操命田畴领军登上徐无山，经过卢龙口和平冈登上白狼堆（今辽宁喀左西南的白狼山—太阳山）。距离柳城只有二百里地的时候，敌人才刚刚察觉他们的行踪。乌桓单于亲自迎战，曹操与他进行了激烈的交锋，斩杀敌军无数，把乌桓军兵一路追赶到了柳城。

曹操此战大捷，论功行赏的时候称田畴是最大的功臣，封他为亭侯，封邑五百户。田畴称之所以追随丞相只是因为先主刘虞蒙难，他率领大家逃到深山，志愿没有达成，情谊也难成，所以跟随丞相左右，现在却因此而得到丞相的封赏，这并不是他跟随丞相的初衷，坚决拒绝这些封赏。曹操看他言辞恳切，情感真挚，知他所说是肺腑之言，也就不再勉强。

局势分析

乌桓，中国古代民族之一，亦作乌丸，乌桓族原为东胡部落联盟中的一支。原与鲜卑同为东胡部落之一。乌桓因居于现在内蒙古自治区境内的乌桓山得名，此时袁绍的残余势力，就是袁绍的儿子和其残部，与胡人勾结，雄霸乌桓三郡。

此战，曹操用兵神速，出敌不意，以少胜多。最终讨平乌桓，并彻底铲除袁氏残余。斩蹋顿（单于）等皇族人员10余人，俘虏将士20余万人。袁尚、袁熙投奔辽东郡太守公孙康。白狼山之战后，曹操"屠柳城"。他没有进一步追击逃亡到辽东的袁氏兄弟，而是坐等他们的人头。果然，没多久公孙康就把他们的人头送来了。这就是著名的"隔岸观火",《三国演义》里是郭嘉的计谋,名为"遗计定辽东"。是不是郭嘉的计谋我们不知道,但郭奉孝确实死于此时此地,当时环境恶劣,连曹操自己也说:"这次赢得困难,赢得侥幸!"郭嘉英年早逝很可能是因为水土不服,这也成为曹操志满意得之际美中不足的原因。紧接着,曹操收编三郡乌桓骑兵加入自己的军队,"由是三郡乌丸为天下名骑"。大大发展了曹军的骑兵部队。建安十二年(207)九月,曹操从柳城班师回朝。

乌桓自被曹操击破后,势渐衰落。当时除辽东、辽西、右北平三郡乌桓内迁外,其它诸郡乌桓大多留居原地,并保有一定实力。直至两晋,无论在塞外或塞内,乌桓的活动尚频见史册。西晋初,幽州北边塞内外乌桓分别归附鲜卑慕容氏、宇文氏、段氏统治,并逐渐与鲜卑融合。有一部分最后加入库莫奚之中。自幽州北直至冀州的渤海、平原二郡,乌桓骑兵营分布其间。王浚为幽州刺史兼乌桓校尉,最后以乌桓和鲜卑的兵力为后盾背叛朝廷。并州乌桓张伏利度拥众于乐平(今山西昔阳县西南)独立,307年(晋永嘉元年),为石勒所并。石勒攻下幽州后,幽、冀二州乌桓迁移到襄国(今河北省邢台市西南),4世纪中叶归附前燕。前秦苻坚灭前燕后,那里的乌桓杂居冯翊(相当于今陕西韩城、黄龙以南,白水、蒲城以东和渭河以北)、北地。而后,慕容垂又利用乌桓之助建立后燕。慕容垂曾引丁零、乌丸之众20余万用飞梯、凿地道方式攻打邺城,并以乌桓张骧为辅国将军,刘大为安远将军,鲁利为建威将军,随慕容氏南征北战。北魏初,拓跋珪攻信都(今河北省衡水市冀州区),张骧举城降,后骧逃往中山(今河北省定州市),依附慕容详。珪拔中山,后骧被擒。398年(东晋隆安二年),其子张超收集乌桓、汉民2000余家据渤海郡之南皮(今河北省南皮县),自称乌丸王,后南走平原(今山东省平原县)。次年,为魏征虏将军庾岳击杀。

魏晋以后,乌桓与其他民族杂处,民族成分发生了变化,形成所谓"杂胡"。《魏书》载:"其诸方杂人来附者,总谓之'乌丸',各以多少称酋庶长。"乌丸往往成为杂夷的泛称。除散居上述诸郡外,又扩展至陕西的上郡、冯翊、北地三郡。而雁门郡的乌桓,与鲜卑、匈奴等融合成为铁弗刘氏或独孤氏,后发展为赫连勃勃的夏国。幽、并二州乌桓继续内迁,遍布于太行山以东今河北省中部和南部，并积极参与十六国、南北朝时各地区的政治斗争。一部分久处郡地，逐渐被同化于汉族，乌桓姓氏相继有郝氏、刘氏、张氏、王氏、鲁氏等出现；而另一部分随着鲜卑的强大而加入其中，先同鲜卑融合，最终随鲜卑汉化而同化于汉族。

说点局外事

田畴

田畴并不是曹操集团的谋士武将，他的身份只是一个游离于凡俗的隐士。汉末时期天下大乱，为了躲灾避难，归隐山林的士人不少。很多有本事的人宁为布衣而不愿做官。按照田畴的愿望，借助曹操的力量平定乌桓之后，徐无山（今河北遵化市东北）不再有乌桓骚扰，他就可以回到自己独立王国，过原来自由自在的生活。

从某个角度来说，田畴是不朽的。他的不朽不仅在于攻打乌桓的战争中建立了功绩，更多的是在"白野露骨，千里无鸡鸣"的社会环境中建立了人间乐土。徐无山曾经收留过数以千计无家可归、流离失所的人民，让他们能过上躬耕自足的生活，它是陷于战争苦难中的人们的希望。在这个意义上讲，田畴是那个时代当之无愧的民间英雄。

郭嘉之死

郭嘉，字奉孝，河南人，曹操帐下的谋士，后来跟着曹操征讨乌丸的时候病逝，终年只有三十八岁。谥号为"贞侯"。

郭嘉小的时候就显出了与众不同的气质。他并不喜欢和同龄的孩子打闹玩耍，而是喜欢和自己的长者交谈。有些时候，他的一些见解甚至会让这些老人们自愧不如。在别人看来，郭嘉长大之后绝对是一个了不起的人物。曾经有一次，一个术士和小郭嘉交谈之后连连称赞他是姜太公转世。

到了二十岁时，他所攀谈的对象已经从乡里的老人变成了一些有识之士，这其中就有荀彧、辛评、郭图等人。一开始，郭嘉投奔了当时实力比较强的袁绍。袁绍见了郭嘉之后，对他也是十分赞赏，但是在郭嘉看来，袁绍是一个优柔寡断之人，不足以成就大事，于是毅然离开，转而投奔到了曹操的帐下。

公元 198 年 9 月，曹操和吕布在徐州对战。这一战占用了很长的时间，而曹操又担心自己不在后方大本营，袁绍和张绣会伺机而动，于是就有了回军的念头。郭嘉见状劝阻曹操："丞相，您千万不能回去啊。开始的时候，吕布的军队勇猛非凡，但是他已经受到了接二连三的失败，他们将士的斗志早就消磨了，这可是一个大好的机会啊！"曹操听了郭嘉的话没有回营，并取得了最终的胜利。这是郭嘉帮助曹操赢得的第一场胜仗。如果不是郭嘉的建议，那么曹操想要去除吕布这一个心腹大患可能还要多费很多时日。

公元 196 年，刘备战败之后投奔到了曹操的帐下。曹营上下对于这件事情的看法不一：荀彧等人主张应该立即将刘备除去以绝后患，而郭嘉则是建议应该留用刘备。后来，刘备叛变，并且成了曹操的强劲敌手。这也让更多的人认为，郭嘉当时的建议十分荒唐。

公元 202 年，袁绍临死之前宣布袁尚作为继承人，郭嘉听说这个消息之后并不觉得诧异，这正是袁绍一贯的风格。于是，郭嘉对曹操说："我们现在不能强行进攻冀州，袁氏兄弟都在那里，到时他们一定团结起来对抗，这样一来我们就很难获胜。现在我们要做的就是静观其变。过不了多久，我们就会看到他们兄弟相残了。"

就这样，在郭嘉的建议下，曹操又赢来了一场胜仗。袁尚兵败之后，投奔了袁熙。当时曹操听从郭嘉的话，重用各方有谋之士，甚至还给予和自己不合的陈琳要职。而对于袁尚，曹操问了他的旧臣王修，王修则是避而不答，曹操却称赞他为忠臣。郭嘉说："丞相，我这里有一计，可以不动一兵一卒，只是用那些投靠而来的袁氏将领就可以了。这一次的进攻任务就交给他们"。

曹操听从了郭嘉的话，随即派遣降将张南、吕旷、吕翔、焦触、马延、张凯等人各带着一部分的兵马分成三路向幽州进攻。这一次的战役可谓攻无不克。一直攻打到了乌桓，这个时候大将曹洪向曹操建议："现在袁熙、袁尚的气数将尽，他们才会远投沙漠。如果我们再继续追进，万一刘备和刘表趁机来偷袭我们的都城，我们根本就来不及去救，所以说现在不应该再追击了，应该班师回朝。"曹洪的建议不是没有道理，想当初，曹操在征讨徐州时，吕布便趁虚而入，端了曹操的老窝。而现在，因为追击袁尚，已经远离了都城，如果再不回去，恐怕都城难保啊！

但是郭嘉并不赞同这么做，他认为，曹操现在的实力虽然很强大，但是那些身处沙漠的敌人一定正会因为距离问题而有恃无恐，这个时候他们必然不会多加防备。如果抓住这个机会能够给他们一个突然袭击，攻破城池也就比较容易了。况且，袁绍是乌桓的恩人，而袁尚和袁熙两个兄弟还活着，如果乌桓和他们联手，就又是一个麻烦，所以应该早早剔除他们才是。刘表和刘备方面，刘表害怕以后掌控不了刘备，所以必定不会重用他的，而刘备的才能在一些小职位上也不会有什么大的作为。所以说现在虽然是远征，但也不必担忧后方不稳。

曹操采纳了郭嘉的意见继续带兵前行，他还命人做了一个道路不通的牌子树立在滨海路旁，以此来麻痹敌人。可是没有想到，大军刚刚行进了两天，沙尘暴四起，道路崎岖，前行十分困难，将士们也都打了退堂鼓。曹操询问郭嘉的意见，而此时的郭嘉因为水土不服的原因，大病不起，面容憔悴。

曹操看到郭嘉这个样子，眼泪都要掉下来了，他说："都是因为我想要踏平沙漠，才导致你长途跋涉，染病卧床，你让我怎么安心啊？"郭嘉宽慰曹操说道："丞相不必自责，我很感激您对我的恩情，就算是拿去我的生命都不能报答万一，何况只是小病一场。我们都知道用兵贵在神速，以目前的形势进军是不行的。现在大军要将自己身上的包袱丢掉，轻装上阵，而且还要改变行军的路线。"于是，按照郭嘉提议，大军走了二十多天到达乌桓。

这一战，袁尚等人被杀了一个措手不及。曹操虽然取得了胜利，但也遭遇了一个很沉重的打击，那就是他的军师郭嘉去世了。

曹操到达易州的时候，郭嘉已经死了好几天了。曹操悲痛不已，哭得一把鼻涕一把泪说："你明知道自己的身体不好，一直担心着如果去了南方，很可能就会因为水土的问题而不能活着回来。可是你却时常鼓励我去征讨荆州。我还将这件事告诉了荀彧，好让他时常提醒着我，千万不能让你去南方。可是，没想到你最后还是走了。这些都是因为我的缘故啊！第一次和你聊天的时候，我就知道你是那个可以助我成就大业的人，可是如今你走了，以后我遇到问题的时候，该去问谁呢？荀彧等人他们的年龄和我都差不多，以后我的基业本来就打算托付给你，可是现在，你怎么能让白发人送黑发人啊！"其他武将见了之后无不动容，都劝曹操要节哀顺变，不能忘了当下的局势。

公元208年，曹操与孙、刘两家决战于赤壁，这也是历史上比较有名的以少胜多的战役。在赤壁之战中，曹操吃了败仗，他仰天大哭道："如果郭嘉还在的话，这一战我怎么可能会输。"

郭嘉的计谋并不是寻常人所能猜测到的。当然，曹操本人也是一位出色的军事家，但是在郭嘉面前，可谓小巫见大巫了。郭嘉这个人，说话时的嗓门特别大，并且语言丰富，表情更是生动，这也致使很多人都喜欢听他讲话。实际上，一些人认为如果郭嘉再多活上几年，那么赤壁之战的战局就会改变了。

局势分析

郭嘉是三国时期曹操帐下一位十分有名的谋士，当时的社会名流。最初他投奔袁绍，看透袁绍是个好谋无断之人，难成大事。后来赶上曹操广招四方贤士，又有荀彧推荐，他被征聘到兖州和曹操共商国家大事。

曹操十分看重郭嘉的才能，同时郭嘉足智多谋，不负曹操众望，多次为曹操出谋划策建立奇功。当年，为替父亲报仇雪恨，曹操派兵攻打了徐州。曹操在这一站中完全采纳了郭嘉的计谋，因此大获全胜。官渡之战中，敌强我弱的客观形式对曹军十分不利，曹操顾虑重重。郭嘉分析袁绍有"十败"，曹操有"十胜"，有理有据，切合实际，从而坚定了曹操起兵伐绍的决心。结果官渡之战，曹军以少胜多打败了袁绍。在之后的很多战役当中，郭嘉都多次出谋划策帮助曹操取得了胜利。只可惜，郭嘉短命，在赤壁大战之前便死了。曹操吃了大败仗，因此非常想念郭嘉。

说点局外事

十胜十败论

十胜十败论，是郭嘉一篇十分有名的文章，意在激励曹操战胜袁绍。曹操与袁绍大战之前，由于实力相差甚远而信心不足，而郭嘉的这篇十胜十败论从不同角度分析了曹操与袁绍实力优劣情况，提出曹操有"十胜"，这大大鼓舞了曹操的信心，振奋了军队的士气。

郭嘉认为，与袁绍比曹操具有"道胜""义胜""治胜""度胜""谋胜""德胜""仁胜""明胜""文胜"和"武胜"等十个优势。郭嘉所指出的这几个方面包含了政治政策、组织、思想品德、个人修养等方面，而这些都是对国家兴衰具有决定性作用的因素。

从客观角度来说，郭嘉的十胜十败论为曹操平定中原奠定了思想基础，曹操也因此对郭嘉更加敬重。

第三章　三足鼎立

连年的军阀混战终于走到了尽头，历史走入了三足鼎立的新时期。前期，原本实力较弱的孙、刘采取联合抗曹战略，分别在江东和蜀地站稳了脚跟。不过，地盘之争与其他类型的争斗不同，且三家首领都是胸怀大志之人，拥有称霸全国的野心，必定拼个你死我活。俗话说："卧榻之侧岂容他人安睡？"，孙、刘两家表面相处和谐，实则内部博弈不断。这一时期，各方人才辈出，曹操、孙权、刘备三股强大的势力互不相让，演奏出了动人心魄的交响曲，在中国的历史上留下了光辉的一页。

赤壁之战

曹操南征，诱降荆州追击刘备，声势是如日中天，旋踵剑指江东。一时间，江东人心惶惶。诸葛亮智激孙权、周瑜、鲁肃等力主一战，孙权和刘备结成了盟军，与曹操在赤壁展开了决战。

曹操将袁绍消灭之后，除了关中各方割据势力尚没有完全归附之外，北方广大地区基本已经统一。在这期间，曹操在统治区内实行了打击豪强、劝课农桑、推广屯田、兴修水利、选拔贤能等有利于发展的措施，巩固了其统治，并且使北方的社会经济得到了一定程度的恢复。

刘备在当阳的长坂坡（今湖北宜昌市当阳长坂路）被曹军击破了，仓皇当中突围而出，带领着诸葛亮、张飞、赵云和一干亲随逃出战场。适值先前派往江陵的关羽的水军赶到，刘备等人得以向南撤退。在路中又遇到了刘表的长子刘琦率领的万余人马前来救援，一行人合兵一处，进驻夏口（今湖北武汉汉阳地区）。

正当刘备等人苦于无力阻止曹操南进的时候，坐拥江东广袤疆土的孙权同样也在发愁。曹军兵不血刃拿下了荆州，曹操的下一个目标无疑就是他手中的江东。实力强大的敌人迫近眼前，这让年轻的江东之主孙权寝食难安。

孙权的谋士鲁肃看出了少主的心思，于是就献计给孙权，要抢在曹操之前占领荆州。而刘备一方就以吊丧刘表为由协商抗曹之事。若是刘备齐心，那么我们便可以和他结盟，这样事情就成了一半。孙权觉得鲁肃这一计策很不错，就即刻派出鲁肃前去拜见刘备。

鲁肃星夜兼程，到了夏口却听说曹操已经向荆州进军了。等到鲁肃到了南郡，刘表的二儿子刘琮已经向曹操投降了。刘备向南逃跑，鲁肃直接就迎向前去，和刘备在当阳县的长坂坡相会。鲁肃把孙权的意旨向刘备转达了，同时和刘备一起讨论天下大事和当前的形势，表示恳切慰问的心意。一来二去之后鲁肃知道这时候的刘备早就听从诸葛亮的建议，正准备结交孙权。于是，刘备当下就派遣诸葛亮作为结盟使者前往江东，一同商讨结盟抗曹之事。

诸葛亮到达江东，面见孙权。此时的孙权正陷入苦于是战还是降的抉择当中。将领内部分为主降以及主战两派，主降派占据上风。主降派的代表人物张昭等人认为曹军势大，征伐有名，且又平定荆州，收了荆州的水军，实力不可抵挡。而周瑜和鲁肃等人则力劝孙权一战，其实孙权早就有了抗击曹之意，但是，两派的意见胶着，孙权还是有些顾虑和犹豫。诸葛亮见状就故意用曹操越来越强大的势力来刺激孙权。孙权被激怒之后，终于下定决心和曹操决一雌雄。

下定了抗曹的决心之后，孙权又向诸葛亮询问破敌之策，诸葛亮便向孙权分析了局势，孙权听了之后大喜，随即命令周瑜、程普和鲁肃等人，率领三万精锐水军，与诸葛亮一道回见刘备，联合抗曹。

就这样，在诸葛亮的游说下，有着共同敌人的孙权和刘备结成了同盟，共同对抗曹操。值得注意的是，孙、刘联军中虽然刘备的兵马占少数，但是由于其名望之大，所以联军仍然以刘备一方为名义，而曹操一方也是以刘备为首敌。就在孙权与刘备为联合破曹之事紧急磋商之时，大举南征的曹操一方也在为吞并江东进行紧锣密鼓地准备。

早在吞并荆州以前，在官渡之战大败袁绍的曹操就曾经试图以朝廷的名义迫使江东屈服。公元 202 年，曹操以朝廷诏命给孙权修书，要求他将儿子送到许都作为人质。面对曹操的无理要求，很多的朝臣都因为畏惧曹操势力大，不敢断然拒绝，关键时刻周瑜挺身而出。周瑜向孙权详细分析了接受曹操无理要求的危害，孙权听了之后豁然开朗，断然拒绝了曹操的要求。

在曹操看来，孙权仍然不过是个继承了父兄基业的"小毛孩"，自己一路灭吕布破袁绍，所向披靡，所以他并不把孙权放眼里。但实际上，他低估了孙权和他统治后的江东。

虽然孙权年纪轻轻，但是有着宽宏的胸襟和过人的胆识。在张昭和周瑜等人尽心的辅佐之下，短短两三年的时间，他统治的江东对外接连击败刘表的部队和山越异族，拓展了疆域；对内广招贤才，聚拢了鲁肃、诸葛瑾等一大批的豪杰智囊。在孙权的统治之下，江东兵精粮足，百姓安居乐业。

但是这一切并不在曹操的眼里，一路的势如破竹已经让他得意忘形。就在曹军兵不血刃拿下荆州之后，迫不及待吞并江东的曹操给孙权寄去了一封言语傲慢的战书。曹操虎视眈眈，孙权严阵以待，大战一触即发。

公元 208 年秋末，刚刚拿下荆州未及月余的曹操不顾谋臣们反对，便急不可耐地指挥大军杀向江东。曹操自江陵拔营算起，大军由江北的曹军精锐、新收编的荆州水军以及臣服势力派出的协助部队组成，总数在 20 余万人，对外则宣称有 80 万大军，借此恐吓孙权。而曹操更是率领几乎全部的主力战将曹仁、于禁、张郃等名将，屯驻在前线。

曹军一路浩浩荡荡，顺江而下，而已决意一战的孙权则任命周瑜和程普为左右都督，各领万余水军，联合刘备的人马，共计不足五万人，迎敌而上。

两军相遇于赤壁。虽然曹军的兵力很多，但是大都不习水性，只能依靠人心浮动、战斗力一般的荆州水军对抗孙刘联军。江东水军在统帅周瑜的指挥之下，充分地发挥了水战的优势，在和曹军初次交战中取得了胜利。曹操见首战失利，渡江南下暂时受阻，只得将大军停驻在江北岸的乌林（今湖北洪湖市东北长江北岸邬林矶），且稍作休整。

然而就在这个时候，更加令曹操感到头疼的事情发生了。由于曹军大部分都是北方人，南下作战，水土不服，加之当时伤寒病流行肆虐甚广，曹操的军中开始大规模地爆发了疫病。瘟疫造成了大量士兵死亡，曹军营中笼罩起一片恐怖的黑雾。如此一来，决战尚未开始，实际上胜负的天平已经发生了偏移。

和江东水军初战失利，曹操意识到了自身兵种的劣势。为了扭转这个局面，充分发挥出北方步骑兵的战斗力，他与谋臣们想出了"连环船"的办法，就是将自身的战船相互间用铁索紧密连接，这样一来，锁在一起的战船就可以抵抗江面上的波涛，士兵站在"连环船"上如履平地，步骑兵不再受水战颠簸的困扰。"连环船"解决了曹军水战的劣势，但是他万万没想到，这为他带来了更大的失败。

此时孙刘联军虽然初战告捷，但是统帅周瑜非常清楚，以少敌多，不宜久持。正在他为求速胜曹军之策苦恼的时候，部将黄盖献上了一计：就是以火攻击溃曹军，黄盖的计策正合了周瑜的心意。

周瑜先命人预备蒙冲（古代快速进攻型快艇）、斗舰数十艘作为点火船，将船内铺满干燥的蒿草，并在草上洒上燃油，外面则用帷幕盖起来用以掩饰，每艘点火的船后面又系着一支轻舟用于撤离。接着，他让黄盖修书向曹操诈降，声言自己深知曹公必胜愿意投诚，并和曹操约定投诚的时日。曹操收到信件，他虽然也对黄盖投降的真假产生了疑问，但是由于太过于自负轻敌，终归还是相信了黄盖的诈降。曹操命人回话给黄盖："你若守信，必能得到空前绝后的封赏。"

周瑜见到曹操已中计，时机成熟，决定发动决胜一击。按照和曹操约定的日期，当晚，黄盖率数十艘伪装起来的点火船"如约"驶向曹军水寨门前，黄盖命兵士大汉"投降"，引得曹军尽皆出来围观。黄盖见状，便命人拉开风帆，点燃火船，让火船借助风势急速冲向曹营，己方则跳入小船逃脱。

当晚东南风急，刹那间，数十艘火船向离弦之箭冲进了曹营，火烈风猛，很快就引燃了停靠在寨中的曹军战船，火借着风势，大火很快蔓延上岸，点燃了岸上的曹军营。一时间里，长江北岸烈焰升腾、火光冲天，曹军上下被周瑜的火攻之计打得措手不及，营中大乱，大火中被烧死踩死的人不计其数。而南岸的周瑜见江北火起，随即指挥联军迅速跟进，大举攻向曹军。联军擂鼓大进，杀进曹营，已经是乱成一团的曹军彻底崩溃。曹操见大势已去，便下令将本军剩余的船只烧毁，带着亲随突出重围，寻路逃回北方。

局势分析

在赤壁之战后，孙权控制了长江中游地区，促使江东政权更加巩固。刘备在赤壁之战结束之后，也很快将荆州的江南四郡都控制在手中，初步实现了诸葛亮为他设计的占据荆、益二州的战略设想。曹操在打败以后，则将防线退缩到了襄阳、樊城一线，一时无力南进。曹、孙、刘三分天下的局面逐渐形成。

刘备和孙权无论是哪一方，在军事力量方面单独和曹操比较都处于绝对的劣势。从绝对劣势变成相对劣势，再加上其他条件，就有了战胜敌人的可能。

从政治情况来看，刘备以及同他站在一起的刘琦是荆州士族的代表人物，他在荆州地区的影响非常大，他们不仅是现有抗击曹操部队的领导者，而且还是被曹操占领的荆州地区人们的精神领袖。刘备从樊城撤退的时候，一起撤退的荆州官员和大众多达十几万人，只要刘备与刘琦坚决抵抗曹操，新近依附曹操的人就不会积极帮助曹操，甚至在适当时机还会重新反曹。东吴原来和刘表有世仇，不联合刘备与刘琦，孙权很难再在荆州方面找到其他的臂助。

通过分析我们可以看出，孙刘的政治、军事联盟不仅使孙权、刘备避免了被曹操各个击破的危险，而且使他们通过这个联盟聚合了力量，在战争当中打败了共同的敌人，夺取了历史性的胜利。这个弱小的政治、军事集团联合起来，可以战胜强大的政治、军事集团的历史经验，一直对后世有着启发性的意义。

说点局外事

诸葛亮借东风

在我国民间流传着诸葛亮借东风的故事。

公元 208 年，刘备和孙权两家处于联盟时期，曹操率领几十万大军进攻江东孙权。起初，曹军因为不熟水性而吃了败仗，后来曹操想出了"连环战船"的方法解决了北方军队不熟悉水战的弱点。这令孙权一方十分焦虑。周瑜因此急的卧床不起。

诸葛亮久居南阳，深知赤壁一代的气候状况，就写信给周瑜说自己可以通过建立神坛作法"借来东风"待周瑜等人准备好火烧曹军时，赤壁地区果然刮起了东风。吴军在大风的"帮助"下顺利击退了曹军。

实际上，正史中的诸葛亮并没有参与赤壁之战，更不是真的可以呼风唤雨，周瑜也不是一个气量狭小的人物。但是，如今诸葛亮借东风的故事已经是家喻户晓了，人们也经常会借此称赞诸葛亮的出神入化的智谋，足见他在人们心中的位置。

江淮之争

吕蒙出生于汝南富陂，也就是今天的安徽阜南吕家岗。他是汉朝末年三国时期东吴的一员大将。曾经与名将关羽一起北伐曹魏，趁荆州空虚偷袭成功，使东吴的面积大增。在东吴历任大小官职，曾被封为孱陵侯。

少年时期的吕蒙曾经南渡长江，到江东投靠在孙策军中为将的姐夫，他多次跟随大军出征讨伐山越。由于战事激烈，邓当（吕蒙投军中的姐夫）居然没有发现他。后来，邓当想要将吕蒙送回家，并把这件事告诉了吕蒙的母亲，家里的亲人都不同意他去当兵，但年轻的吕蒙一心报国，他的决心也感动了他的亲人，使得他最后留在了军中。

不过，由于吕蒙的年轻幼稚也差点给自己招致杀身之祸。吕蒙从军之后，军中有一名官吏曾经当众侮辱吕蒙。吕蒙非常生气，一时没忍住竟然将其杀死了，事后他逃到了同乡郑长家中，但不久他又主动找到校尉袁雄去自首。袁雄了解了情况，觉得他是个人才，就去孙策那里为他求情。孙策不但没有怪罪他，反而将他留在了自己的身边。吕蒙在孙策的言传身教之下，进步非常快，没过几年就已经在军中小有名气。

公元 200 年，孙策遇刺身亡，孙权继位。孙权在一次整编军队的时候发现了吕蒙的才干，将他所带领的一小部军队进行扩充，并交给他统一操练。后来，吕蒙奉命和孙权一起对荆州割据势力黄祖进行征讨。在孙权和周瑜的指挥下，战事得以顺利地进行，不仅黄祖的水军部队被击溃了，而且迅速兵临黄祖的老巢——沙羡城下。然而，就在胜利即将到来的时候，大规模的山越少数民族在江东各郡作乱，孙权无奈撤军，转而开展大规模的镇抚山越军事的行动。吕蒙也随军出征，先后参加了豫章、丹阳等地的战役，并因战功被加封平北都尉，兼任广德县长。

从此时起，孙权开始注重对吕蒙的培养，一些军国大事也开始让吕蒙参与。公元 207 年，吕蒙和周瑜一起去拜见孙权，共同向孙权推荐甘宁。在吕蒙和周瑜的大力举荐之下，孙权采纳并实施了甘宁提出的建议，马上再次开展对刘表大将黄祖的进攻。

在甘宁的建议之下，孙权在公元 207 年和公元 208 年分别发动了两次对黄祖的进攻。在第二年的进攻中，吕蒙和董袭、凌统一同成了前部先锋。对于黄祖的抵抗，董袭和凌统各自带领一支百余人的敢死队，士兵们身穿重甲，乘船突袭敌阵，在凌统和董袭的掩护下，吕蒙对赶来支援的黄祖水军都督陈就迅速发动进攻，并将陈就斩首悬颅示众。随后东吴军队大受鼓舞，势如破竹，成功拿下城池，将黄祖斩杀。吕蒙也因在此战中表现出色，被孙权升迁为横野中郎将并赐钱千万。

公元 208 年 7 月，曹操进攻并占领了荆州大部地区。为了抵御曹操进攻，孙权与刘备结盟，与曹操进行决战，也就是著名的"赤壁之战"。在东吴集团小有名气的吕蒙也在此时率领军队，第一次与来自北方的曹操军队作战。最后，曹操在乌林地区惨败。

　　一直想要扩充吕蒙势力的周瑜，趁着割据益州的刘璋集团发生内讧，其大将袭肃率部投靠东吴之际，向孙权提出，将投靠东吴的袭肃部队交给吕蒙指挥。然而，吕蒙却婉言拒绝了周瑜的好意。他认为，对于有胆有识且不远千里前来归顺的袭肃，保留其兵权并予以嘉奖才是更加稳妥的办法。于是周瑜采纳了吕蒙的建议，保留了袭肃的兵权。

　　赤壁之战后，曹操将主力撤回到北方，留下曹仁在江陵地区镇守。为了夺取江陵这块战略要地，在赤壁之战结束后不久，孙刘联盟就进行了对江陵地区的围困，这次长达一年多的江陵争夺战，吕蒙也参与其中。为了尽快结束战争，周瑜派甘宁向夷陵进军，企图封锁江陵地区。很快甘宁就以仅一千多人的兵力迅速拿下了夷陵地区，但甘宁被曹仁派出的五六千人围攻，形势十分危急，甘宁迅速派人向周瑜请求增援。就在群臣对是否增援甘宁一筹莫展之际，吕蒙站出来主张要增援甘宁。同时，吕蒙又提出对付夷陵敌军的方法，先派兵用木柴堵住夷陵敌军的退路，迫使敌军弃战马徒步而行，从而缴获东吴部队急需的战马。采纳吕蒙建议之后，东吴军队大败敌军，致使敌军死伤过半，被迫趁着黑夜逃走，吴军收缴战马三百多匹。此后，士气大振的吴军很快回军渡过长江，长江北岸稳固的进攻阵地也随之建立。曹仁在驻守江陵一年之后，不得不放弃江陵地区。此后，除了荆州北部的襄阳和樊城之外，孙刘联军占据了荆州大部地区。随后，吕蒙因战功被封为偏将军，兼任浔阳县令。

　　曹操军队在东吴边境地区不断进行蚕食和侵扰活动，吕蒙奉命进攻曹军驻守在蕲春郡的典农中郎将谢奇，公元214年，吕蒙决定对谢奇进攻。首先他采用了诱敌深入的策略，未果之后，他采取了伺机突袭的战法，终于击败谢奇。谢奇虽然侥幸逃脱，但是他的手下宋豪、孙子才等人却率队投降，吕蒙从而取得了东线战场的首胜。

　　为了进一步打击曹操在淮南地区的势力，吕蒙建议孙权马上对皖城发起进攻并夺取该城。经过周密部署和激烈交战，吕蒙率领部队取得了皖城之战的胜利。因战功孙权封吕蒙为庐江太守，并将俘虏的全部曹军士兵和战马赐给了吕蒙。同时还赐给吕蒙浔阳县屯丁六百人及属吏三十人。

后来，吕蒙奉孙权之命返回东线，出兵合肥，与曹军展开激战。后来，他又在对曹军战役中屡次化解危机，并在合肥之战中将被困的孙权冒死救出，被孙权升迁为左护军、护卫将军。

经过数年战争经验积累，吕蒙对刘备集团和曹操集团的作战实力和特点有了非常深刻的认识，并认真地思考和研究出东吴发展战略，并将自己的想法当面告诉给了孙权。孙权采纳吕蒙这些审时度势的意见，并在数年之后将其具体实施。这些意见的实施，对汉末的政治形势产生了深远影响。

公元217年，鲁肃病逝，吕蒙继任其位。随后，吕蒙与关羽在战场上相逢。吕蒙制造种种假象迷惑关羽无效后，一边分析和研究关羽所属荆州地区的情况，一边等待关羽犯错的时机，准备将其一击致命。公元219年，关羽配合刘备发动了襄樊之战，却没有将主力调往前线，吕蒙立即上书孙权，以他患病为借口，带领部分士兵离开陆口（今湖北嘉鱼西南长江南岸）回到建业（今江苏南京市）治病。果不其然，这番举动使关羽放松警惕。随后，吕蒙建议让陆逊接任其职务，进一步成功地迷惑了关羽。在如此一番精心策划之下，孙权成功夺取荆州的江陵地区。

荆州之战结束之后，不久，吕蒙因旧患发作，救治无效之后去世，享年四十三岁（孙权到处招募东吴境内的医者，无奈也无回天之力）。孙权悲痛欲绝，命三百户人家为其守灵。

局势分析

吕蒙从小参军，骁勇且有谋略。吕蒙在被孙权发现且重用之后所参加的几次战役，对东吴控制江淮地区起到了十分重要的作用。因为随后江淮、荆州等地的北方人口向南方迁移，山越人也到平原生活，促使长江两岸土地变得肥沃，进而使那里聚集了大量的人口和劳动力。因此，孙权对吕蒙的评价非常高。

说点局外事

士别三日，当刮目相看

虽然吕蒙在用兵方面颇为擅长但是却不爱读书。由于严重缺乏文化知识，一旦遇到重大军情无法用文字写奏章，只能用口授的方式进行表达。同时，吕蒙由于文化知识的缺乏，他也无法从书中吸取前人的经验来提高能力。于是，孙权开始对吕蒙进行了耐心的说服工作。也就是后来著名的"孙权劝学"的故事。

数年之后，吕蒙读过的书籍比一些专门治学的大儒还要多。随着文化知识的不断增长，眼界也开阔了很多的吕蒙，对天下大势能够清醒地分析和认识，使他开始由单纯的武将向智勇双全的名将转变。

在吕蒙刻苦学习期间，汉末的局势也变得更加复杂。三国鼎立的局势纷争不断。公元210年东吴大将周瑜病逝，孙刘联盟的倡导者鲁肃续任，因此，东吴在荆州地区陷入僵局，吕蒙开始思索对敌之策。不久，对吕蒙了解有限的鲁肃途经吕蒙的驻地时，吕蒙终对鲁肃提出了五条应对关羽突发事件的方案。鲁肃大为佩服。这次会面也成了三国历史上"士别三日，当刮目相看"一段佳话。

渭南之战

公元211年，曹操决定讨伐张鲁，于是刚刚平定太原叛乱的夏侯渊和徐晃接到与镇守关中钟繇会和的命令。曹操讨伐张鲁，需要经过关中，曹操手下的谋士担心会刺激关中的马超等人，就建议曹操先上表檄文在起兵，没想到曹操这次一意孤行，并没有听取谋士的意见。

这并不是因为曹操狂妄自大不讲求战争策略，事实上，这是他的一条妙计。当曹操下令行动的时候，关中各地的守城将士起了疑心。"关中十将"联合起来，在潼关集结了十万军队准备共同抗敌，而这全部都在曹操的计划之中。曹操就是想要逼反这些并不真心为朝廷效力的关中将士，如此就可以为消灭异己创造冠冕堂皇的借口。

面对关中大军的攻击，曹操命令手下的兵将只坚守阵地，而不要和敌军开战。之后，曹操亲自率领大军西进到达潼关，亮出一副誓死夺取关中的气势。曹操步步紧逼潼关，完全吸引了关中联军的视线，谁也没有想到这次颇具魄力的行动只是曹操布下的障眼法，他的目的正在于僵持对峙，等待敌人的援兵。

关中的将领如预期的那样不断向潼关派兵，这让曹操心中十分高兴，但是他手下的将领却不能理解。事实证明，曹操的决策是正确的。关中道路远，各部防守严密。面对各地的军事力量，即使曹操实力超群，也需要几年才能平定关中地区。现在关中的军队大部分集中到潼关，曹操则拥有了一举歼灭所有敌军的机会。

关中各部持续增兵，导致这种对峙的状态持续了一段时间。徐晃认为关中联军缺乏谋略，导致蒲阪（今山西永济市西南蒲州镇）守卫亏空，于是主动请缨，想要带领一路精兵作为先锋，阻断关中联军的后路。当曹操发现关中联军的所有力量已经集结完毕，他就暗中派出徐晃等人占据河西，做好接应曹军渡黄河的准备。

公元 211 年 8 月，曹操率军渡黄河，马超等人即刻发重兵阻拦。一时间，万箭齐发，许褚为了保护曹操多处受伤。情急之下，曹操手下的校尉放出牛马作诱饵，马超等人果然中计，反去追赶牛马，曹操这才安全渡过了黄河。众人见到曹操性命无忧，这才放下心来。没想到曹操却大笑着说："今天差点就被小贼困住了啊！"

再来看徐晃这边。徐晃按照曹操的计划率兵暗中渡过了黄河，随之就遇到了敌军的攻击。原来，看到曹操北渡黄河，马超就明白了曹操的用意。为了阻止曹操进入关中，他提前派出梁兴军抢占渡口西岸。但是马超没想到，曹操的军队已经抢先一步到达。徐晃英勇善战，而且经过长途跋涉的梁兴军已经劳累不堪，梁兴军步骑五千余人成了徐晃的下酒菜。消息传来，马超追悔莫及，渡口就此失守。

曹操成功渡过黄河，马超等人则退居了渭口。曹操想要渡过渭水，于是再次设下疑兵之计吸引关中联军的注意力，同时暗中命令兵士连夜用船搭起浮桥，扎营于渭水南岸。一天，天气突然转冷，曹操趁机在南岸浇水冻沙构筑冻沙城，并且击败了关中联军夜袭。

就此，曹操大军成功渡过渭水，完成了全面进攻的准备。之后，双方又进入了短暂的对峙。马超等心急如焚，曾多次要求对战，但是曹操只守城，拒不开战

这时，关中联军内部出现了严重的粮食短缺问题。其原因在于，马超等人在春天屯兵于潼关，十万大军可不是个小数目，为了准备与曹操开战，关中地方上的农业生产几乎停滞。如今马上就要入冬，粮食根本征收不上来。这种情况下，即使不开战联军也会走向瓦解。

关中联军各部希望避免持久战，商议过后终于决定求和。这时曹操的谋士贾诩提出离间之计，曹操认为可行，便暂时答应了关中联军的请和。

韩遂与曹操算是旧识，于是成了关中联军的代表。会晤的当天，曹操与韩遂又说又笑，闭口不谈军政大事。但是，在另一次与关中联军的会面中，曹操却像变了一个人似的列出了精兵，联军无不惊骇。

韩遂回到联军处，马超询问会晤结果，得到的回答却是："没有什么。"这引起了马超的怀疑。曹操的离间计获得了成功，马超的疑心越来越重，曹操趁此机会向关中联军决战。决战中联军大败，各部将领败走，渭南之战曹操大获全胜。

渭南之战后，关中的数个拥兵自重的军事集团的力量被消耗殆尽，无力再起，军阀割据的局面终于结束，关中各郡尽数由朝廷接管。后来，马超等人到处招兵买马以图东山再起，但均被曹操打压。最后，马超投奔了汉中张鲁。

局势分析

渭南之战，曹操深谋远虑，巧用计谋夺取了关中之地，可以说是一场十分精彩的战役。渭南之战，曹操为掌握关中地区和西取汉中创造了十分有利的条件。

公元208年，经历了赤壁之战的败北，曹军伤亡惨重。公元209年，曹操又失去了江陵重镇。曹操统一天下的计划遭遇到了重创，军队也急需修整，提高士气。

在这种时候，曹操将目标锁定在关中地区是有深刻且复杂的原因的。曹

操想要南进，目标有三：关中、凉州和巴蜀地区。关中地区的军事力量是由十个军阀集团组成的，十分强悍，但是这些军阀集团并不是一个整体，都是分散守卫自己的领地。如果曹操想要进入汉中和巴蜀地区，随时可能会被背后强悍的军阀联军反咬一口。这对曹操来说是十分危险的，所以他必须先铲平关中地区的隐患。

关中地区地势险要，易守难攻。北有子午岭、黄龙山，南有秦岭山脉，西有陇山、六盘山，东有潼关、黄河。地势不利，曹操想要取得胜利只能智取，不能强攻。首先，在战术上，曹操选择了"轻兵"和"虎骑"，即利用"轻兵"使敌军越发疲劳，再用"虎骑"给予敌军重创。再者，曹操看准了军阀联军的缺陷——互不信任，而使用了离间之计，从内部瓦解了关中联军强大的战斗力，歼灭马超和韩遂的主力，保证了整个战役的最终胜利。

面对曹操的示弱，拥兵自重的马超认为关中地区地势险要，军事力量雄厚，而曹军的实力羸弱，不足畏惧，犯了兵家轻敌大忌。对战时，又不顾后方保障，未考虑战败之可能，终获大败。渭南之战是曹操在北方打的最后一场大仗，充分显示了他的深谋远虑和思想以及性格特征，是曹操一生中最重要的战役之一。

说点局外事

关中十将

关中十将是指东汉末年的马超、韩遂、侯选、程银、杨秋、李堪、张横、梁兴、成宜、马玩等十个势力。

马超，字孟起，扶风茂陵（今陕西兴平市）人，马腾之子。杨阜称赞他有"信布之勇"，诸葛亮对马超也是赞誉有加。后来，曹操打算平定关中地区，身为一方军阀的马超联合关中的将领抵抗曹魏。马超作战十分神勇，曹操也曾经感叹道：如果马超不死，我就没有葬身之地。后来马超兵败依附刘备，47岁时病死。

韩遂，字文约，金城（今甘肃兰州市）人，西凉军阀，是马腾的异姓兄弟，二人组成了关中军阀中势力最大的两部。公元211年，韩遂被曹操打败，最后被其部将杀死。

候选原本是韩遂手下的部将，后来因为中了曹操的离间之计而与马超反目，最后投降曹操。

其余几人也都是拥兵自重，实力不容小觑的军阀首领，最后都被曹操击败。

诸葛亮借力救东吴

诸葛亮，字孔明，号卧龙，山东沂南县人。三国蜀汉丞相，虽终生夙愿北伐，匡扶汉室，但终因积劳成疾，于234年病逝于今陕西宝鸡岐山境内（五丈原）。后被刘禅追谥为"忠武侯"。有《出师表》《诫子书》等留世。他可谓中国传统文化中"忠臣"与"智者"的代表人物。

公元208年，曹操率领30万将士南下征讨荆州，诸葛亮出使东吴，说服孙权联合抗曹，从而取得赤壁之战的关键胜利，为刘备取得立足之地。刘备称帝后，诸葛亮任丞相。

曹操赤壁大败后，为防止孙权乘胜追击，越江北进，所以派曹仁驻守南郡。此时的孙权和刘备都有一举攻下南郡的想法。于是孙权先命得力干将周瑜大举进攻。而诸葛亮因与其有约在先：如果进军南郡不利，蜀国便作为援军接着攻克，于是蜀军按兵不动，取隔岸观火之策。

其实在当时诸葛亮早已成竹在胸，料定周瑜必难以一次攻得南郡，到时抓住机会趁曹军在外军队元气大伤而一鼓作气攻下几乎空城的南郡，坐收渔翁之利。

果然不出诸葛亮所料，周瑜久攻南郡不下，中曹仁诱敌之计，中流箭回营养伤。随后，周瑜对外宣称死亡以麻痹对方后而迅速出击，一举歼灭曹仁大军，之后连夜赶往南郡。不料诸葛亮趁周瑜在外征战曹仁之时，便轻而易举地得到南郡。周瑜大怒，吐血坠于马下，不久因旧病复发去世。当然，这种死因及死法是小说演绎，而历史中的周瑜死因主要是因其箭伤感染复发不治而亡。周瑜也不是死在府中，而是死在行军途中，时年36岁。对此，《三国志·周瑜传》载："瑜还江陵为行装，而道于马丘病卒，时年三十六。"

曹操得知周瑜病逝的消息后，想要再次兴兵征讨江东。因担忧西凉的马腾趁北方空虚偷袭许都，特授予马腾征南大将军的头衔，命其率部随军征伐孙权。于是马腾带领次子马休、马铁及5000西凉兵卒应召驻扎在许昌城下。不久，西凉兵被曹操的奸计消灭后，马腾父子三人也被曹操毒害。此后，曹操自认为解决了北方的后顾之忧，即时起兵30万，进军江东。

江东闻报，即刻派人到荆州向刘备求援。诸葛亮看罢孙权送来的求救信，胸有成竹地说："既不用动江南之兵，也不用动我荆州将士，亮自有妙计使曹军不敢轻易进军东南。"

诸葛亮抓住曹操生平最怕西凉之兵这一软肋，对刘备说："如今曹操杀死马腾，马腾长子马超仍统领着西凉重兵，其杀父之仇定使马超刻骨切齿。主公只要修书一封派人结交马超，邀其入关，曹操岂能兵犯江东？"刘备闻言大喜，即刻写信给西凉马超，并派使者快马送达。

马超得知父亲与两个弟弟被害的消息后，放声大哭，大骂曹操。正在此时，刘备的使者持书赶到，刘备在信中除了与马超一样的口吻大骂曹操之外，还回忆了曾经与马腾一起受汉帝密诏、誓诛曹贼的往事和旧情，遂建议马超率领西凉兵攻曹军的右侧，他统领荆、襄之众以遏曹之前，认为这样不仅可以大破曹军生擒曹操，还可以灭奸党报杀父之仇，而且汉室可以复兴。马超挥泪写下给刘备的回信，打发使者先回，随后便兴兵准备征讨曹贼。

正准备进发时，西凉太守韩遂差人与马超相见。原来韩遂与马超的父亲是结义兄弟，韩遂与马超二人以叔侄相称。韩遂告诉马超：曹贼曾派人秘密送来书信，以封西凉侯为诱饵，让韩遂生擒马超。韩遂还向马超表示：既为叔侄，不忍加害，甘愿与马超兵合一处攻击曹贼，以报此血海深仇。于是，韩遂秘密将曹操的使者杀害，又征调八部兵马，马超与韩遂兵马共计十部，20万大军，直奔长安。曹操遂放弃攻打东吴的计划，专力对付马超、韩遂的西凉大军。诸葛亮一封书信便可轻易阻止了曹军的南下攻吴，救了孙权的大驾。

此后，诸葛亮在多场战争中无不显示出超高的指挥才能以及调兵遣将的本领，可谓三国谋略家。

史书上说诸葛亮是一个治国的能臣。虽然民间对诸葛和刘备的仁政评价非常高，但事实上，他是一个封建统治阶级中的人物，他领导的政权，同样也是压迫农民、维护封建统治阶级利益的。

在诸葛亮执政期间，注意发展生产，法纪也非常的严明，吏治也非常好，致使贪赃枉法的事情相对较少，这些措施在客观上给人民带来了一定的好处；但是从根本上看，他的法纪也好，吏治也好，都是属于巩固封建统治阶级利益的，他的着眼点首先是为了维护蜀汉政权的安定。而诸葛亮时期的蜀汉政治经济的稳定发展，为打赢战争和家族势力的扩张奠定了良好的基础。

因此说，他的拥护者主要是蜀汉的官吏、士大夫、知识阶层。这些人是那个时代社会舆论的中心，诸葛亮在当时蜀汉中的广泛影响，以及蜀汉人们对他的怀念，自然也就是这些人的舆论使然。

▌▌ **说点局外事** ▌▌

诸葛亮三气周瑜

诸葛亮三气周瑜同样是《三国演义》中的一个片段，也是"周郎妙计安天下，赔了夫人又折兵"这句话的出处。值得注意的是，这一幕只是作者为了创作目的而编造出来的，正史上的周瑜是个气度十分宽宏的豪杰。

一气周瑜：诸葛亮争夺南郡。孙刘两家联合的时候，诸葛亮与周瑜约定，一旦周瑜夺取南郡失利，刘方再去攻打。周瑜没想到首战果然失利，但是之后他又利用计谋打败了曹军。可是胜利之后他发现诸葛亮已经将南郡夺走。

二气周瑜：赔了夫人又折兵。周瑜建议孙权假意嫁妹将刘备骗到江东杀掉，孙权应允。可是周瑜没有想到，刘备刚一到江东就被孙权的母亲吴国太看中，一定要将女儿许配给他，自然也不允许孙权杀掉刘备。因此，刘备在诸葛亮的帮助下安然回到了荆州。

三气周瑜：不治身亡。东吴见刘备总是不换荆州就三番五次催要。刘备和诸葛亮承诺只要拿下西川就一定归还荆州。周瑜用计打算攻击荆州被诸葛亮识破，使得周瑜旧伤复发，最终身亡。

刘备入蜀

赤壁之战后，刘璋与曹操决裂，而刘备则拥有了荆州的大部分地区，但是相对于曹操、孙权、刘璋等人，刘备的统治势力仍然太过微弱。刘备控制的地区不仅仅地域狭小、人口稀少、经济落后，而且常年处于几股军事力量的缝隙中，生存艰难。

益州被称为"天府之国"，地域广大且土地肥沃，又是军事要地。但是其统治者刘璋父子昏庸无能，导致益州的社会矛盾尖锐，益州的有识之士都希望能侍奉一位明君。刘备的军事诸葛亮和庞统都曾经建议刘备夺取益州作为他们进一步扩张的重要据点。因此，刘备拒绝了孙权共同攻取益州的计划。

公元211年，刘璋听说了曹操要讨伐张鲁的消息，心中十分害怕。在曹操处碰了一鼻子灰的益州别驾张松趁机建议刘璋迎刘备入蜀，同时法正也在刘璋面前极力称赞刘备。刘璋听取了二人的建议，决定与刘备交好，十分热情地迎接刘备进入益州。

公元211年12月，刘备接受了法正的策略和庞统的建议，带着庞统、黄忠和几万士兵受邀进入益州，诸葛亮和关羽、张飞则留守荆州。刘备进入蜀地之时，受到了百姓的争相迎送。与此同时，刘备严整军纪，不允许士兵收取百姓的财物，更不允许侵犯百姓丝毫。刘璋听闻刘备到来，也十分高兴，便亲自率领三万多人迎接刘备入蜀。

张松、法正和庞统等人建议刘备在与刘璋会面的时候扣押刘璋，直接夺取益州的大权，但是刘备认为此法并不可取。刘备素来宣传"以德服人"，他认为自己刚刚到达蜀地，毫无民心而言，而且实力未稳，因此如此仓促并不是好事，于是拒绝了谋士们的建议。

刘璋与刘备交好之后，互相推举扶持。刘璋命令刘备攻打张鲁，而刘备获得了梦寐以求的兵力和物资之后便屯军休整，致力于收买人心，扩充自己的势力。

公元212年10月，孙权不敌曹操的进犯，请求刘备派兵解救荆州，以抵御曹兵的进攻。于是刘备写信请求刘璋划拨兵士、武器和粮草。信中写道，自己与孙权唇齿相依，若荆州失守，曹操下一个目标定是夺取益州，为此他必须搬兵救荆州于水火之中。刘璋对刘备不攻张鲁反而救孙权的这一举动表现出不满，只调拨了很少的军队和物资给刘备。

没想到，刘备竟然借此机会煽动起刘璋部下的不满情绪。这时，张松的哥哥张肃因为害怕东窗事发而受到牵连，于是向刘璋告发了张松与刘备暗中密谋之事，张松因此丧命。另外，刘璋又命令益州各地兵将断绝与刘备的关系。这下子，刘备被彻底激怒。于是，他设计杀掉了刘璋的两位白水关（今陕西西宁强县西南）都督——杨怀和高沛，将其军队收编合并，之后，任命黄忠等人作为前锋，并亲自率军进攻成都。

刘璋听闻刘备来袭，赶忙派手下的将士迎敌，但张任、邓贤等人还是节节败退。无奈之下，刘璋的军队退守到了绵竹。刘璋没有死心，准备重整军队反击，不料被派去统率绵竹军士的李严投降刘备。公元214年，刘备包围了雒城（今四川广汉境内）。

雒城易守难攻，且得到成都刘璋的全力支持。刘备尽力围攻雒城，一年未果，于是命法正写信给刘璋劝其归降。信中分析了当前局势，并且保证厚待刘璋，但刘璋未予理会。为了尽快改变这种局面，刘备决定请诸葛亮入川。诸葛亮随后率领张飞和赵云进攻益州，以迅雷不及掩耳之势攻取了巴东、巴郡、德阳等地，并与刘备夹击雒城，雒城终于被攻破。

很快，刘备、诸葛亮、张飞和赵云率领各路荆州军开始会攻成都。这时，马超见张鲁昏庸无能，便举旗叛离张鲁而投奔刘备，并与荆州军一同围攻成都。刘备又派属下劝降刘璋，刘璋看到了马超的旗号，以为张鲁已经被刘备消灭，于是决意开城投降。他对臣子将士们说："我们父子虽然治理了益州20多年，但没有做出任何功绩，也没有留下什么功德，却因为我的一念之差，招致3年兵乱。百姓生灵涂炭，我怎么可能心安理得地继续这样下去呢？"

事实上，在刘璋决意投降刘备的时候，成都城内的粮食充裕、兵强马壮，刘璋的臣子和城中的百姓都已经做好背水一战的准备。看当时的情形，刘璋至少可以与刘备打一年的持久战。看到刘璋一意孤行，他的属下多数人伤感落泪。

公元214年6月，刘璋献出成都，归降了刘备。刘备按照约定厚待了刘璋——不仅没有斩杀刘璋，而且授予他振威将军的头衔。但刘璋被勒令迁出成都到荆州南郡的公安（今湖北公安县），自此，持续了3年的入蜀作战结束，刘备在与刘璋的对战中大获全胜，实现了他多年以来的梦想。得到益州的刘备已经年过半百，至此他也成为真正意义上的地方割据诸侯。

掌握了益州就等于有了根据地，落稳脚跟的刘备随之开始了下一步的军事行动。公元217年，谋士法正建议刘备进取汉中。在公元217年与曹军的战役中，刘备夺取了汉中，这场战役使刘备获得了与孙吴、曹魏对峙的强大实力。

局势分析

公元184年，刘备正式出道。在实现宏图大业的过程中，刘备经历了太多次的挫折和失败。即使屡战屡败，刘备仍然不倒，并且最终凭借着其过人的坚韧顽强的精神及无坚不摧的信念拥有了割据一方的实力，这是十分值得后人称道的。

刘备的前半生一直过着漂泊不定的生活，为了生存，不得不经常寄人篱下。刘备虽拥有雄图大志、长远的眼光、良好的名声、数一数二的下属，但一直没有真正发迹。那么，阻碍刘备施展拳脚的最重要原因是什么呢？没错，是根据地。

依托坚实的城郭，军队进可攻、退可守，再也不必依附于他人帐下，受冷眼排挤和限制。刘备深知拥有自己地盘的重要性，因此在早期的军事行动中，多以抢占地盘为首要目标。

赤壁大战后，刘备将眼光盯在了西川上。西川地大物博、位置优越，对于刘备来说，这实在是一块肥肉。将西川纳入掌中，刘备就拥有了坚实的资本，建立伟业指日可待。

恰恰益州的治理者刘璋父子昏聩无能、治理无方，西川表面上条件优越，实则内部混乱、矛盾重重。刘璋父子坐拥西川，却始终没有成就大事。而这对刘备来说，是一个天大的好机会。

刘备的胜利与其"以德服人"的策略和大局观有着十分密切的关系。在入蜀的几年中，刘备到处收买人心，使得西川的百姓对这位"皇叔"尊敬有加，不少刘璋的属下也认为刘备实在是一位有道明君。刘备与刘璋闹翻之后率军攻取成都，这时他继续推行"攻心"战略：西川的兵士只要投降就可保证人身安全，如果出现伤者，必偿命；愿降者参军，不愿者放回。

"攻心"战略效果显著，西川的兵士对这位刘皇叔十分感激，纷纷表示愿意为之效命。除此之外，很多当地的将士和谋士也投奔了刘备，一时间，刘备势力迅速壮大，军队所向披靡。

相比之下，刘璋的昏懦则注定了他最终的失败。在刘备与刘璋闹翻之后，刘璋的谋臣曾经建议刘璋实行坚壁清野的战略，即烧掉粮草困死荆州军，这样就可以趁刘备撤军将其一口吃掉。事实上，刘璋如果听从了他的谋臣建议，这次战争的结果很有可能被改写。但是刘璋迂腐狭隘，认为这是一种扰民抗敌的做法，因此没有采纳。

入蜀作战之后，刘备继续扩张其势力。刘备夺取汉中，也使三国鼎立的局面成为了历史的必然。

说点局外事

庞统之死

庞统，字士元，号凤雏，三国时期与"卧龙"诸葛亮齐名，是刘备十分看重的一位谋士，官拜军师中郎将。徐庶徐元直曾说："卧龙凤雏，得一可安天下。"

刘备进攻西川刘璋的时候，庞统为刘备献上了三条妙计，刘璋果然中计。过了不久，刘备率军包围了雒城，庞统在率军攻城的过程中不幸被流箭射中身亡，年仅36岁。

庞统死后被葬于落凤坡，刘备亲自挑选墓地建立了庞统祠墓。如今被修葺的庞统祠墓周围郁郁葱葱，祠内存有大量珍贵的历史文物。另外，现祠中保存的庞统墓是后人所建，因为他真正的墓地位于落凤坡（今四川德阳市罗江区）。

张飞赵云沿江拦嫂"救"幼主

自刘备夺得西川以后，孙权既对诸葛亮的才能赞叹不已，又怕刘备的实力因此大增。鲁肃对孙权说："主公，现在就有一个良好的机会，可以夺取荆州。"这时顾雍也面见孙权，说了同样的话。

孙权觉得二人的话非常有道理，便决定亲自挂帅直取荆州。但是攻打荆州一事遭到了母亲吴国太的反对。孙权是一位大孝子，不敢违抗母亲的决定。因此孙权回到帐中，心情极为低落。

正在孙权左右为难时，张昭求见。张昭对孙权说："主公，我听说国太不让你攻打荆州，您也同意放弃攻打荆州了。其实，国太只是担心她的女儿。我们可以派人把郡主接回来，再让郡主带上刘备的儿子。就找借口说国太旧病复发，急切想见到她们母子二人。如果她们一来，我们就把阿斗留下，刘备到现在只有阿斗这么一个儿子，到时候他只能拿荆州来交换。这样我们不用动一兵一卒就可以夺得荆州，国太也不会再多说什么了！"

孙权听完立刻精神起来说道："好计策！"他立刻执笔修书一封，派周善带领 500 精兵，火速去荆州接回郡主和阿斗。

周善独自乘一只小船来到荆州城下，其余的船只跟随着，但都保持一定的距离，这是为了避免引起他人的注意。到达目的地之后，周善让守城的士兵进去禀报说吴国太思儿心切，派人特来探望。

孙夫人听闻，立刻将周善请进城去。周善将密信交给孙夫人，她急切打开书信得知吴国太病重希望见到女儿和阿斗，于是即刻准备启程回到东吴。就在孙夫人带着阿斗准备离开之时，却被赵云拦住了。

赵云不同意阿斗被带走，双方因此争执起来。这时，有一条大船和几条小船飞驰而来。小船船头一员大将，赵云一看是张飞赶来，心头一阵欢喜。张飞巡城之时，没有见到四弟赵云，便向士兵询问事情的缘由，士兵说赵将军去拦截幼主去了。于是张飞立即下令，调集船只火速救援。

由于周善的船体较大，再加上船上人多所以船行驶的速度比较慢，而张飞小船上只有三人，行驶的速度极快，没有多久，张飞便追上了东吴的大船。赵云心想：幼主有救了！

周善一看是张飞乘船来解救阿斗，便率领精兵到船尾来阻拦张飞。殊不知，张飞大喝一声，见周善的大刀砍来，也不躲闪；周善一惊，等他回过神来的时候已经被张飞打中，周善惨叫一声坠入江中。东吴兵一见周善被杀被吓得不敢动弹，张飞乘机跳上东吴的船……

孙夫人一看张飞杀了周善，心想：这还让我如何再回东吴，见到兄长我该怎么交代啊？于是，她怒声问道："三弟，你为什么如此莽撞？"

张飞道："嫂嫂，恕小弟无礼，是那周善与我先搏斗我才用枪将他挑入江中。嫂嫂，您没有有通知我大哥就私自回东吴，而现在我大哥正在西川浴血奋战，您这不是无礼吗？况且，我只有这一个侄儿，若是阿斗有个什么闪失，我该怎么向我大哥交代啊？"夫人一听，叹了口气道："我得知母亲病危，如果贤弟二人拦截我的去路，我请你们照顾好阿斗，我宁愿立刻跳江一死了事！"张飞赶忙相劝："嫂嫂，且慢！"

张飞和赵云商议了一下，还是决定让孙夫人回东吴探望老母，只是要留下阿斗。张飞对孙夫人说道："嫂嫂，那您就请吧！不过现在我大哥正在征战，我希望您能早日回来，到时我一定会去东吴亲自接您！"就这样，张飞、赵云带回了阿斗，孙权计夺荆州之计又失败了。

局势分析

赵云和张飞拦幼主，杀了东吴周善，又激怒了孙夫人。不过，这并不是张飞、赵云一时兴起，鲁莽行事。东吴孙权想要趁着刘备在外征战的机会将孙尚香和幼主阿斗接回东吴。一旦计划成功，阿斗就成了被扣押在东吴的人质。刘备只有这一个儿子，自然视如珍宝，最后不得不用属地来做交换。

不过，周善没有想到，守城的赵云和张飞一下子就看出了其中的问题并且拼死阻拦孙夫人回江东。张飞、赵云明智的行动保护了刘备得来不易的地盘，因为东吴想要夺回荆州的计划再一次失败了。

说点局外事

赵云单骑救主

　　赵云，字子龙，常山真定（今河北石家庄正定县）人，五虎上将之一。赵云身材伟岸，在《三国演义》中被描述为一个相貌俊朗之常胜将军。在中国传统戏剧中，赵云是一个武生角色，相关的最著名剧目是《长坂坡》。

　　一开始，赵云是在公孙瓒手下做事的，并在与公孙瓒征战的过程中结识了刘备。公元208年，刘备在与曹操的对战中兵败而出逃江陵，曹操穷追不舍并在长坂坡地区拦截刘备。于是刘备情急之下只能抛妻弃子，带领几十名亲随出逃。这时候，赵云反而重回了曹操大军中一路厮杀将刘备的妻儿救出，回到了刘备身边。这就是著名的单骑救主的故事。但《三国演义》中，赵云并没能救出甘、糜二夫人，糜夫人怕因她而牵累赵云救出幼主便跳井身亡。甘夫人被曹军追的狼狈不堪，无奈只好混入难民中逃难，虽途中遇到重回战场寻找幼主的赵云，但是赵云从甘夫人口中得知糜夫人与幼主（阿斗）在一起不知去向时，赵云又只好弃甘夫人而又去寻找糜夫人与幼主下落……

逍遥津（今安徽合肥）之战

　　合肥是中原与江南之要冲，历来是兵家必争之地。公元215，即曹操率兵前往濡须坞讨伐孙权之后两年，曹操想要起兵再一次攻打孙权未果。曹操见时机仍未成熟，便转头向西攻打张鲁。曹操西进汉中，东侧必然守卫空虚，这对孙权来说是一个好机会。

　　为了一战成功，孙权集合了十万大军并亲自率军包围了合肥。曹操讨伐张鲁之前就猜到了孙权的想法，于是提前命令张辽等人守卫合肥。曹操还暗中派人送去密信，嘱咐张辽在敌人到达的时候再将信件拆开。

　　果如其然，很快孙权就带领大军杀到了合肥。孙权大军十万，而合肥守军只有七千人，实力悬殊如此之大，别说战胜，就连守城都是十分困难的。诸将面对这种情况一筹莫展，情急之下，张辽打开了曹操的密信，曹操在信中让张辽、李典出战迎敌，乐进守城，护军薛悌则不出战。看罢，除了张辽，所有将士都对曹操的计策表示不解。

张辽深知，曹操身居远征之地讨伐张鲁，即使昼夜不停赶回合肥也只能看到张辽等人兵败、合肥陷落的惨状。于是张辽告诉身边的将士，他们必须趁着孙权大军立足未稳之际率先出击，打掉敌人的士气，只有这样才有成功守城的可能。面对诸将的疑惑和忧虑，张辽大怒："成败在此一举。如果诸位仍旧持怀疑的态度，我就一个人做这主张！"这时，与张辽素有嫌隙的李典立刻站了出来，表示绝对不会因为私人恩怨而耽误大事，并且主动请求与张辽一同出战。当晚，张辽和李典挑选了八百"敢死队"，准备在第二天与孙权的大军决一死战。

第二天一大早，张辽就顶盔掼甲开城冲向孙权的军队，身后八百守城军紧随其后。孙权大军刚刚到达合肥地界，还没有彻底休整好就遭遇了曹兵的突袭。张辽冲进东吴军营杀了孙权两员大将，把孙权手下的将士吓得目瞪口呆。之后，他一路高喊自己名讳出现在了孙权帐前，大声叫喊让孙权出来应战。事情发生得太过突然，孙权惊魂未定，一时间竟然不知所措。

但是很快，孙权就发现张辽身后的人并不多，于是他命人包围住张辽等人，准备一举歼灭。张辽发现事情不妙，就带着身侧的士兵杀出了一条血路，成功地突出孙权的重重包围。然而，并不是所有曹兵都成功脱了险。陷在包围圈中的"敢死队"士兵冲着张辽大喊："将军要抛下我们不管了吗？"张辽看到这种情况，立刻调转马头又冲进了包围圈成功救出了剩下的兵士。

孙权军队虽然人多势众，但是面对英勇无敌的张辽竟然没有人敢上前抵挡。这场战斗持续了整整半天，从清晨到晌午，孙权的士兵被杀得士气低迷。之后，张辽率领士兵回城，孙权赶忙休整队伍。

在张辽等人的英勇奋战下，曹军初战告捷、士气大增，而东吴军这边却被打得心惊胆战、士气全无。之后，东吴军包围了合肥城，但是守城的张辽等人防卫严密，孙权大军围攻了十几天还是无法打开合肥城的大门。孙权手下谋臣将士绞尽脑汁也没有想出破敌之法，又赶上军中疫病暴发，孙权见势只得撤军。

孙权班师回朝，这给了张辽一次成功反扑的机会。孙权命令大军从逍遥津渡口向南渡河撤军，可笑的是孙权一时大意，竟将自己和少数兵士留在大军后方，即江北。张辽远望，发现东吴军队大部分已经前行南渡，孙权身边防卫空虚，于是立刻决定率军出城捕杀孙权。

孙权看到合肥城门大开并且步骑齐出，才发觉到事情的严重性，而这时再想要派人撤回南渡的部队已经是不可能的了。为了保证孙权安全，甘宁、吕蒙、陈武等人与曹军展开血战，陈武战死。

孙权好不容易逃到了逍遥津渡口的桥边，却发现桥板已经被曹军拆掉了。眼看曹军就要追上来，孙权的侍卫急中生智，成功帮助孙权跃马渡河。孙权手下的大将贺齐、凌统等人看到孙权安全突围，返回头再次加入了战局。

凌统护主有功，孙权看到他回到身边十分高兴。战后，凌统因为部下全亡而伤心不已，孙权为凌统拭去泪水，并给了他比之前多一倍的士兵。贺齐却哭着对孙权说："今天我们差点全军覆没，希望您能可以更加持重，终生以此为戒！"，孙权诚心听取了劝谏。

话分两头，孙权已经回到船上，而张辽仍在厮杀中不知道孙权成功突围脱险。当他询问东吴的降兵时，才发现在战场上遇到过孙权却没有抓到，这让张辽感到十分惋惜悔恨。虽然没有捉住孙权，张辽等人大败孙权的这场逍遥津之战已经得到了曹操的高度赞赏。战后，参加这次战役的将士均得到了封赏。

局势分析

在公元215年的逍遥津之战中，曹军张辽等人以七千兵士大破东吴孙权十万大军，不仅成功解除了合肥城的危机，而且差点一点活捉孙权。对曹魏来说，这一场战役意义重大。张辽在战斗中功勋卓著，战后，曹操对张辽更加看重。

赤壁大战之后，曹魏与孙吴两大势力围绕合肥产生过多次冲突，进行了长达数年的拉锯战。

公元208年12月，孙权在赤壁大战获胜后便率兵向北直攻并包围合肥。这时候的曹军正在北撤，曹操得到消息之后即刻派人赶往合肥城解困。孙权担心曹操援军到来之后更加无法攻破城池，就想要亲自带兵突击。

在谋士的规劝下，孙权为了保住声誉没有实施这一计划。时间紧迫，距离援军到达还有一段时间，眼看合肥城就要抵挡不住东吴军队的猛烈进攻。这时，曹操手下的谋士放出消息称四万援军即刻到达。急功近利的孙权听闻便信以为真，在没有派人核实消息真假的情况下命令大军撤围。

第一次合肥之争没有改变当时的局势。公元213年，曹操亲自率军南下合肥征讨孙权。为防不测，孙权听取吕蒙建议在濡须口建造了船坞作为重要的军事据点。事实证明，这个据点起到了十分关键的作用。曹操在这次战役中吸取了赤壁之战的教训，使得曹军整体的水上作战能力有了大幅度提升。

正月，曹操首战告捷，孙权被迫带兵据守濡须坞。曹操在取得了初步的胜利后，与孙权陷入了对峙的状态。就这样过了一个月，战局一直没有出现任何转机。曹操看到东吴军队的架势，由衷地感叹："生子当如孙仲谋！"

入春，春水由于气候变化逐渐涨起。一天，曹操接到江对岸孙权的一封书信，孙权在信中提到气候变化使东吴水军占的优势，建议曹操尽快退兵。另外，孙权还调侃说曹操不死他就过不安稳。曹操看过信之后好不在意孙权的调侃，甚至大笑起来，显示出了其过人的气度，并且很快退了兵。

合肥之争几次无果，曹魏和东吴对此地的热情却没有因此退去。逍遥津之战中，面对孙权的大兵压境，曹操的大将张辽仅仅凭借7千人就解了合肥之围。孙权在曹操西征的情况下仍被曹军杀得大败并且险些被俘，曹操与孙权在性情和谋略上的差距由此可见一斑。

说点局外事

五子良将

五子良将指的是曹操麾下的五位大将：张辽、乐进、于禁、张郃、徐晃。

前将军张辽：

张辽，字文远，雁门马邑（今山西朔州）人，下邳之战后归属曹操帐下。在跟随曹操南征北战的过程中，张辽屡立战功。逍遥津战后，张辽成为名噪一时的大将，"张辽止啼"的民间传说由此而来。张辽的存在令孙权一直十分忌惮。曹丕即位后，张辽依然是与江东对战的第一人。后来，张辽患病，但仍然不负众望击败了吴军。公元222年，张辽在打破吕范之后病逝，享年54岁。

右将军乐进：

乐进，字文谦，是曹操手下一员猛将，与敌军对战中，乐进经常冲锋在前为曹军拔得头筹。乐进参与了官渡之战以及奇袭乌巢的战役，并且随曹操攻打了袁氏以及蜀军。

左将军于禁：

于禁字文则，同样跟随曹操南征北战多年，屡立战功。于禁性格坚毅，声望极高。但是，后期由于二度被俘而丧失了威名，最后不堪曹丕羞辱而死。

征西车骑将军张郃：

张郃是在官渡之战时投奔到曹操帐下效力的。与其他人几人不同，张郃为人灵活巧变，料事如神，曹操将他比作韩信。张郃参与的战役也很多，诸葛亮北伐时，他曾经在街亭之战中获得胜利。后来，张郃在追击蜀军的过程中遭遇埋伏，身亡。

后将军徐晃：

徐晃字公明，原效力杨奉，之后转投了曹操帐下，战功赫赫。徐晃是个清廉之人并且严于治军，一直到魏明帝时期才病逝。

曹魏太子之争

曹操南征北战多年，在治理国家大事方面是一个不折不扣的成功者。但是，在选择接班人方面，曹操可就没有那么游刃有余了。曹操的原配丁夫人没有为他生下一男半女，所以他就将妾室刘夫人生的大儿子曹昂养在了自己的名下。就这样，曹昂在一定意义上就成了嫡长子，按照中国古代的惯例，嫡长子是最合法的继承者，换句话说，曹昂是曹操最合法的接班人。

曹昂从小就十分孝顺，跟着曹操南征北战。公元 197 年，曹昂在南征张绣的时候战死。后来，因为当时的局势不太明朗，所以曹操在很长时间内都没有立储。公元 208 年，曹操打败了袁氏，扫平了乌桓，平定了燕地。放眼整个中原，再也找不到一个强劲的对手了。于是，曹操将三公制废除，自领了丞相之职，挟天子以令诸侯。这时候的曹操，手中的权力和当时的地位已经与真正的皇帝没有什么差别了，于是他开始建立属于自己的"王国"。

自从曹昂战死之后，丁夫人十分悲痛，经常跑到曹操的面前哭诉，埋怨曹操害死了她的儿子。刚开始，曹操还能体谅她，时间长了曹操就受不了了。后来曹操休了丁夫人而将卞夫人扶正。卞夫人一共生了四个儿子，其中小儿子曹熊由于体弱多病，在很小的时候就夭折了。曹彰是一个有勇无谋之人，想的仅仅是一个将军之位，早就绝了当太子的欲望。于是，曹操的储君人选就集中在曹丕与曹植身上了。

曹丕与曹植两个人相比，可以说是各有自己的优势。曹植非常有才华，各类文章信手拈来，曹操对他偏爱有加。但是曹植的诗情与才华也滋长了他浪漫不羁、纵情于诗酒的个性，导致他在为人处世方面表现得十分张扬。

再说曹丕，自从兄长曹昂死了之后，曹丕就成了长子，在中国古代嫡长子继承制的制度下已经算是占了先机。但是，曹丕文比不上曹植武比不上曹彰，一直担心储君之位会被自己的弟弟夺走。不过，曹丕的城府很深，非常善于伪装。在父亲曹操面前，他总是表现出一副乖巧质朴、孝顺憨厚的样子。与此同时，曹丕还竭尽所能地巴结曹操身边的谋士，比如贾诩、荀彧等人，对他们非常尊敬。他还主动询问贾诩所谓的"自固之术"，贾诩给他的建议是：老老实实、安分守己地做一个孝顺的儿子即可，曹丕对此心领神会。

于是，在曹丕与曹植之间各自形成了一批党羽。曹丕的重要党羽，比如吴质、朱铄、陈群、司马懿等做事风格与曹丕一样善于掩饰，平日十分低调。而曹植的重要党羽，比如杨修、丁仪等，则经常表现出一副势在必得、咄咄逼人的样子。丁仪曾在曹操的面前大肆褒扬曹植，而杨修则为曹植预作了"答教十条"。

有一次，曹丕邀请吴质商量事情，为了避开父亲曹操的注意，就让吴质躲到了大簏当中，对外声称里面装的都是绢丝。但是，这事恰巧被杨修发现了。于是，他就马上向曹操汇报。吴质急急忙忙地让人再用大簏去装绢，等到曹操派来的人进行搜查的时候，里面已经没有人只有丝绸了。这件事情引起了曹操的狐疑与警觉，认为杨修是在对曹丕进行陷害，于是就开始厌恶并疏远他了。

曹植本人也是恃才傲物，任性而不自励，饮酒不知节制。在赤壁之战之后，关羽率军包围了驻守在襄阳的曹仁军队，曹操任命曹植为中郎将，带领兵士前去救援，但是，这个时候，曹植却因为喝得酩酊大醉，不能执行曹操分配的任务。曹操对此很是不满，对曹植的宠爱也慢慢地减少了。

后来，杨修惹怒了曹操被杀掉，曹植也彻底地失去了做太子的机会。太子之位理所当然地落入了曹丕的手中。公元217年，曹操将曹丕封为世子，曹植则开始了自己苦闷的下半生。曹操去世后，曹魏的政局随之改变。

◀ 局势分析 ▶

尽管曹植才华出众，文采过人，但却因为其自视甚高，不懂得伪装的性格，败给了看似平庸的曹丕。性格决定命运，曹植之所以会输掉太子之位，其关键性的因素就在于自身的性格，曹植的性格根本不适合作太子。而曹丕则不然，他懂得隐忍，懂得笼络人心，完全可以胜任储君，甚至是国君之位。

也许有人并不认同这种的观点，认为曹丕只不过太善于伪装，心思也太过阴沉，总是在不断地算计着别人。他利用曹植爱喝酒、崇尚浮华等微不足道的小细节拼命地打击曹植，同时在曹操面前装出一副很听话的样子，这才骗过了曹操，最终"窃取"了太子之位。

实际上，作为文人，曹植"任性而行，不自雕励，恃才傲物"的性格无可厚非，这也是诗人的特殊之处。但是，作为政治家的继承者，这样的性格就显得太不稳重，很容易授人以话柄，难以令人心服口服。

曹操虽然爱惜文才，但是作为政治家与军事家，他更看重政治品质。所以，有如此性格的曹植，在曹操的眼中已经丧失了作储君的资本，即便曹丕没有"以术相轻"贬低曹植，曹操也不会愿意让曹植继承他的王位的。再加上曹丕善于收买人心，让宫人左右全都为他说好话，曹操慢慢地就将天平倾向了曹丕。

曹植虽然拥有远大的政治抱负，但是却被其性格所困，率性而行，结果葬送了自己的前程。

嫡长子继承制

在中国古代宗法制度中，嫡长子继承制是一项最基本的原则。这个制度开始于商末，定于周初。具体的规定为"立嫡以长不以贤，立子以贵不以长"，也就说由嫡长子来继承王位与财产。

所谓"嫡长子"指的就是嫡妻，即正妻所生的大儿子。在中国古代一妻多妾制度中，嫡长子继承制属于一种基本的继承原则，可以帮助维护宗法制的核心制度，帮助解决权位与财产的继承和分配的问题，帮助稳定社会的统治秩序。该制度在很大程度上影响着中国古代王朝中皇帝之位的继承和传递。

当然了，在中国古代帝位继承的过程中，也出现过例外的情况。历史上有不少久负盛名的皇帝，都不是皇族的嫡长子，比如汉武帝刘彻、唐太宗李世民等。

汉中争夺战

自古以来，汉中就是益州的门户，战略位置显要。刘备在平定了益州之后，汉中的归属权就变得十分重要。于是曹操和刘备展开了决定彼此命运的汉中争夺战。刘备先输后赢，黄忠定军山斩杀夏侯渊，终于夺取汉中。随后，刘备自立为"汉中王"，蜀汉步入了鼎盛的时期。

在赤壁之战以后，虽然曹操还有在"作轻舟，治水军"屯兵合肥准备对吴战争的种种举动，但是此时孙权和刘备的军事联盟得以巩固。曹操清楚地看到一时不能歼灭孙权和刘备的事实，对孙吴用兵无利可图，只好转兵西向，试图平定汉中，稳定后方以图再战。他想要进一步巩固自己的后方，就必须统一关陇，然后再乘机夺取汉中，进攻巴蜀。

赤壁之战以前，曹操不能从容地在荆州备战，是导致他不能取胜的原因。就像周瑜所分析的那样：马超和韩遂都尚在关西，成为曹操的后患。所以赤壁大败以后，曹操一方面采取一些措施来稳定内部，比如，公元210年，曹操颁布了求贤令："当今天下尚未稳定，因此求贤之急，唯才是举，吾得而用之。"提出的不拘品行、唯才是举的用人方针，目的是尽量把人才都收罗到自己的身边。另一方面，则积极部署平定关中的政治战略。关西的武装力量，最强的是马腾和韩遂。在公元208年赤壁之战时，曹操就以汉献帝的名义征召关中军阀马腾入许都，表为卫尉，又以马腾的儿子马超统其众，拜偏将军。

征马腾入京打乱关中军阀的势力平衡，是曹操控制关陇的一招妙棋。虽然马腾、韩遂虽然名义上归顺曹操，但是实际上仍然是国中之国，对此曹操当然是不能允许的。公元211年，在准备工作做好了之后曹操开始对关中用兵。3月，曹操遣司隶校尉钟繇率领大将夏侯渊以讨伐汉中张鲁为名进兵关中。征讨汉中，要经过关中，曹操是效法晋献公伐虢灭虞之计，如果韩、马不借道，就是公开反叛朝廷；如果借道了，无异于束手就范。

虽然关中的军阀缺乏长远的战略，但是面临生死抉择，自然是不允许曹操兵临关中的。于是，韩遂和马超等人集结关中的诸将诸侯共十万人马于潼关以抵抗曹操入关。曹操遣安西将军曹仁督诸将拒之，并且告诉他关西的士兵精悍，暂且坚壁自守，不要和他们正面交锋。

一直到七月，曹操留长子曹丕守邺，然后亲自率领大军西征。曹操到达潼关以后，便把大军集结起来，和韩遂等以潼关为险，把防线退缩到渭口以西的渭水南岸去了。同时曹操又把自己军队向渭水移动，并且多设疑兵，以分散敌人的注意力。最后大军陆续渡过渭水，在渭水南岸筑成坚固阵地，两军对阵起来。

在渭水之战以后，曹操平定了西北边陲，与此同时，刘备迫降刘璋，占据了益州。一个是实力恢复，一个是蒸蒸日上，在曹操和刘备这一宿敌之间，一场决定彼此前途的决斗一触即发，而他们争夺的焦点，便是益州的门户——汉中。

刘备在得到了益州之后，在军师法正的建议下将汉中列为势在必得的目标。

法正最早是为刘璋效力，其智略过人但是却得不到发挥。刘备入蜀，法正一路引导献计献策，为平定益州立下了汗马功劳，刘备对法正非常欣赏，便让他常侍左右为自己出谋划策。当时，诸葛亮被委任负责内政，而刘备身边真正的军师则是法正。

法正向刘备谏言，他认为曹操平定汉中却不能趁势图谋是因为力量不足，趁此时机可广积粮草，等待时机。刘备采纳了法正的意见。于是，公元219年，刘备举全境之兵进攻汉中。

　　刘备亲自率领大军进兵汉中，分遣张飞、马超、吴兰等屯驻下辩（今甘肃成县）作为策应，本军则驻扎在阳平关，对手是夏侯渊和徐晃等一干曹魏大将。

　　起初的时候，战局对刘备并不是很有利。刘备派将军陈式阻绝马鸣（今四川广元）阁道，却被徐晃率军击退。曹操派大将曹洪攻击张飞、马超等人，斩杀了刘备一方的将领吴兰，张飞、马超退走。而刘备攻击张郃把守的广石（今四川眉州），也是屡攻不下。刘备疾书成都要求增兵，诸葛亮协调后方，保障了前线的足兵足食。

　　双方在汉中对峙一年有余。见形势不利，法正向刘备献策：将部队出阳平关南渡沔水，沿山路前移，在定军山扎营。曹军主帅夏侯渊求胜心切，率军追击至定军山下。刘备将万余精兵分为十部，趁夜全力猛攻张郃防御的一侧，张郃不敌，夏侯渊分兵一半援救张郃。刘备见夏侯渊兵少，就派兵火攻曹营，夏侯渊连忙指挥救火。法正见敌人中计，令黄忠居高临下，从山腰擂鼓冲下，势不可当。夏侯渊被杀的措手不及，乱军之中被斩杀，曹军大溃。刘备挥军追击，形势危急。张郃收拾残兵，安定军心，兵士仰慕张郃威望，曹军重又振作。刘备见状，放弃了兵渡汉水的追击计划。

　　曹操听闻前线大败，汉中被夺取，就决定亲征。公元219年3月，曹操率领大军兵临汉中。刘备鼓励下属并且令部队各守要道，坚壁不出。曹操从山道运粮，黄忠趁机劫粮，却久去未归。赵云带领数十骑兵出去寻找，却遇到曹操大军。紧要的时刻，赵云率领众人且战且退，回到营地。见曹兵攻来，赵云果断地让人大开营门，偃旗息鼓。曹军怀疑营中有诈，纷纷掉头撤回。赵云急忙令士兵擂鼓造势，命人用强弩从后面射击曹兵。曹军惊骇，争相逃窜，死伤无数。刘备听闻战报，大赞赵云：子龙一身都是胆！

　　刘备和曹操对峙数月，曹操军队死伤无数，曹操看到丝毫没有胜算的可能，于是就撤军返回长安。刘备就此占据了关键的汉中。公元219年秋，在群臣的拥戴之下，刘备自立为"汉中王"，声势到达了顶峰。

局势分析

刘备在汉中之战中之所以能胜利，是因为"略"胜过于"战"，即在战略布局上超出曹操一方，利用少数几个局部取得了"以多打少"的胜利，在总体上就奠定了优势。迫使曹操"知难而退"。而在军事对阵当中，刘备军并没有太大战术上的优势。在直接和曹操本人的对阵当中，就是完全依靠的是后勤补给，一方面有梓潼以及成都补给的源源不绝。另外一方是，就是千方百计地截断曹操的补给。在这种相差甚远的补给对比下，终于迫使曹操退军了。

刘备和曹操在战术上没有太多的差别，但是刘备在战略上属于"先发制人"，他抢在曹操亲自率领大军到达汉中之前取得战略上的优势，不但将大将夏侯渊斩杀，重挫了曹军的锐气，而且强占了地利的优势，也为后来"不战而夺人之地"打下了基础。

其次在人力方面，刘备一方也占了很大的优势。曹操一方只有夏侯渊、张郃等人，虽说他们都是名将，但是就像法正所说的那样"不胜国之将帅"。相比较之下，刘备方面有熟悉当地地理、人文等方面的智谋人才，比如法正、黄权，和善于争战的大将张飞、马超等人。蜀国是举倾国之力，对夏侯渊、张郃统领的魏国地方部队进行打击。

再者，在梓潼的地位稳定之后，成都的后援物资以及兵力都源源不断地运往前线，诸葛亮的后勤工作也完成得非常出色。而曹操方面在刘备打败夏侯渊之后就陷入了后勤补给困乏的地步。

刘备方面对于汉中是举国上下都齐心协力，对于抢夺汉中的目标很明确。但是，曹操一方就是有点漫不经心的，支援行动非常迟缓，并且基本上对于汉中的态度是模棱两可的。

说点局外事

法正

法正，字孝直，扶风郡人，善用智谋，其能力堪比曹魏郭嘉。法正原本是刘璋手下的一名谋士，后来刘备到达西川，法正转投刘备帐下，为他夺取西川做出了很大的贡献。刘备攻取汉中时，法正用计杀了夏侯渊，因此深得刘备赏识和信任。

同为刘备帐下谋士，人们常常会将诸葛亮与法正作对比。法正比诸葛亮年纪稍大，计谋出众，两人兴趣爱好各不相同，但是在军政事务上都能以大局为重，关系十分密切。诸葛亮与法正二人可以相互取长补短，诸葛亮总领后方内政，法正则跟随刘备南征北战，尽显本领。但是，法正在得势后大肆报复，因此被人认为品行不佳，缺乏操守。

关羽之死

在赤壁之战以后，吴国与蜀汉就以湘水为界限，平分荆州。

刚开始，刘备以其自身的发展需要提出暂时"都督荆州"的提议，孙权听从鲁肃的建议，从联合抗曹大局着想，同意了他的请求。但刘备从开始就没有归还荆州的打算，而孙权也绝非心甘情愿地"乐于助人"。"借荆州"不久，孙权就多次向刘备提出要借道荆州洗净益州的请求，意图挟制刘备，而刘备则坚决拒绝，孙权实在没有办法。而刘备却自己率军夺下了刘璋的益州，消息传到孙权的耳中，孙权是又气又恨。

刘备入蜀之后，由关羽镇守荆州。孙权见刘备已经有了益州，应当按照约定归还荆州，就一直派人向关羽索要。关羽是高傲之人，每次都对使者大骂。孙权忍无可忍终于暴怒，多亏此时江东主事的是主张孙刘联盟的鲁肃，他几次从中周旋、好言相劝，才保持了双方相安无事的局面。

刘备和孙权外表很亲密，实际上非常疏远，关羽得志了，孙权必定也不会乐意。司马懿和蒋济给曹操献计派人劝孙权袭击关羽的后方，许诺给他江南的土地，那么樊城之围自然会解。曹操采纳了二人的计策。

接到了曹操的来信之后，早就对关羽怀恨在心的孙权欣然答应了曹方的建议，并立即召回吕蒙商讨对策。这时候的江东，主张孙刘联盟的鲁肃已经死了，有决定权的主将已经转为吕蒙。

吕蒙想出了"白衣渡江"这样的妙计：吕蒙令兵士尽数躲避在船舱里，

身穿白衣，化装成商人，又招募百姓来摇橹划桨，昼夜兼行。烽火台上的守兵见是商船的模样，也就放松警惕。随之，吕蒙命人将守兵一一擒获。就这样，关羽毫不知情，吕蒙大军却已经进入了荆州。

吕蒙大军犹如天降，荆州上下顿时慌乱，江陵的守将糜芳和公安的守将傅士仁平素总被关羽轻视，怀恨在心，于是开城投降了吕蒙。孙权的部队入城控制了关羽军队的家属们，吕蒙命令善待这些人，并严肃军纪，严禁士兵伤害百姓，吕蒙这一颇得人心之举使刚刚易主的荆州迅速稳定下来。

自知危急的关羽向驻扎在上庸的己方将领刘封和孟达求援，谁知道他们二人以上庸刚被争夺人心不稳为由拒绝支援。关羽走投无路，便向西撤回麦城。孙权派兵迅速包围了麦城，并且诱降关羽。关羽佯装投降，趁着夜色突围而逃，兵士走散。孙权早有预料，早已派潘璋、朱然二将在其必经之路上埋伏。关羽一行人疲惫不堪，因此全部被擒。考虑到关羽的名声太大，留下不好处置，孙权就向潘璋下达擒住即刻杀之的命令。一代名将关羽就这样命丧黄泉，时年六十岁，同时死的还有他的儿子关平。

局势分析

关羽在军事上的建树的确是不多的，旧时代军事史当中，关、岳、戚并提的说法，是没有多少根据的。他不论在军事活动或者军事论著方面，都不能和岳飞、戚继光相比。

关羽在北伐战役前一阶段所取得的胜利的确重大，但是这个胜利依然就是局部性的，掩盖不了他在战役全局当中的错误，也否定不了他决定性的失败。在这次战役当中，关羽部全军覆没。

但是，关羽在军事史上仍然是一个应当给予注意的重要人物，他的重要意义，是他犯错误的教训，失败的教训。他是一个因为骄傲而失败的将军，同时他惨痛的经历，对于各个时代的人们也都是一面镜子。

情同兄长的刘备把守卫荆州的任务交给了他。在三国纷争的当时，这是个非常难的任务，需要何等的谨慎、努力，才能完成。孙权、刘备联盟关系的发展和破裂，根源在于土地和权力之争，它不是普通的问题便可以左右的。

但是在关羽举兵北伐的时候，孙权突然派兵去攻打他的后路，这同他对孙权关系上的处置不当有着很大的联系。司马懿、蒋济和曹操在讨论关羽和孙权关系问题的时候，就说过关羽得志，权必不愿也。

说点局外事

孔明菜

樊城特产孔明菜，也称诸葛菜、襄阳大头菜、芥菜，据说是诸葛亮住在襄阳隆中时所发明的。

相传，每年一到寒冬腊月，隐居隆中的诸葛亮就会挖一些野菜吃。当然，也不是什么样的野菜都能吃，诸葛亮只挑选被称为蔓茎的野菜带回来凉拌下饭。有一次，他在制作了一盘野菜丝之后就去拜访故人了，几天之后才回来。诸葛亮发现之前制作的蔓茎丝并没有丝毫腐烂变坏的迹象就试着尝了一口，竟觉香脆可口。就这样，诸葛亮创造出了现在十分有名的特产——襄阳大头菜。

曹丕代汉

曹操"挟天子以令诸侯"多年，对汉献帝监视十分严密。汉献帝虽然是名义上的皇帝，但是整个国家的实际指挥者却是曹操。公元208年，曹操担任丞相一职，一手掌握军政大权。公元211年，汉献帝允许曹操剑履上殿，也就是允许曹操佩剑，穿着鞋上殿——"剑履上殿，入朝不趋"。

公元213年，汉献帝封曹操为"魏公"，并加九锡，相当于允许曹操建立一个国中之国，东汉皇帝和朝廷完全成了摆设。

多年来，曹操苦心经营，不仅军功赫赫，而且在朝野上下拥有了十分庞大的势力，位列于诸侯王之上，甚至享有同皇帝相同的仪仗，因而他也很少朝觐汉献帝。实际上，这时的曹操已经具备了称帝的条件，并且有不少人劝曹操代替汉献帝的位置。

曹操最终没有称帝代汉。简单来说这是因为这时的曹操对外要提防孙权、刘备势力的崛起，对内要面对一些文人和舆论压力。汉献帝多次想要借助朝中官吏和文人的力量扳倒曹操，最后都以失败告终。

曹操对于一些拥护汉室甚至密谋政变的人毫不留情，不少人因此牵连家族导致灭族。曹操的得力谋士荀彧因为对曹操谋取魏公等事持怀疑态度，最后被逼自尽。魏讽（口才出众，极具号召力，颇有智谋，钟繇荐其为相府西曹掾。但其忠于汉室）政变（其实，该事件存疑很多，或许只是曹操当时为排除异己，打压反对政治势力的一种冠冕堂皇"借口"而已。但魏讽确实如荀彧等人一样忠于汉室，反对曹操专权或代汉），祸及一千余家。虽然曹操的强硬手段使拥汉势力的活动减少，但是社会的正统思想并不是那么容易就能被消灭的。居于长远考虑，曹操绝对继续利用汉献帝以巩固曹氏势力，同时牵制孙权和刘备。

公元 220 年，曹操离世，由其子曹丕继承魏王爵位。汉献帝以为曹操一死就可以摆脱束缚重整汉室，没有想到曹丕狼子野心，而且厉害程度不在曹操之下。继任王位没多久，曹丕就开始着手逼迫汉献帝禅位。

曹丕知道，虽然自己手握实权，但是名义上的禅位还要经过一番周折才能实现。禅位必须遵循现有的传统制度和礼仪，按照事先制定好的程序一步步实行。

首先，曹丕在理论上利用了五德终始说和谶纬思潮。曹丕与大批值得信任的属下唱起双簧，让幕僚利用当时人民迷信的天象等学说掀起舆论狂潮，群臣联名力荐曹丕代汉，而曹丕则以多种理由多次拒绝其请求。

汉献帝虽然心中明白曹丕和大臣们这样做是在做戏给世人看，但是也无可奈何。毫无实权的汉献帝根本不知道怎么办才好。

当舆论方面准备得差不多了，曹丕就开始实施他的代汉计划。

一天，曹魏忠臣华歆等人突然出现在汉献帝面前，质问他是否已经决心让位。汉献帝被华歆等人的气势吓到，一时间竟说不出话。这时曹丕的妹妹曹皇后闻讯赶来，才帮汉献帝解了围。

几天后，在华歆等人的不断逼迫下，汉献帝万般无奈地答应了禅位。这时候的曹丕正行至曲蠡（即繁阳亭，汉时称"曲蠡"，今为河南许昌），华歆在得到诏书之后立刻派人给曹丕送了过去。曹丕拿到禅让诏书，心里万分开心，但是为了大局，他的脸上不能表现出喜悦。曹丕假意推辞，华歆等人则在第二次献上禅让诏书的同时逼迫汉献帝交出玉玺。

懦弱的汉献帝泪流满面，不得不说出实情。华歆等人一听说玉玺被保管在皇后处，即刻跑到曹皇后那里。没想到，曹皇后根本不理会华歆等人的威逼引诱。碍于曹丕与曹皇后的关系，众人无法做更加强硬的举动。无奈之下，华歆只能向曹丕报告这一情况。曹丕听闻曹皇后在背后阻挠其大计，便命令曹洪、曹休带兵讨要玉玺，不必顾及兄妹之情。

曹皇后也不傻，当她看到曹兵前来就知道这次她也保不住汉献帝了，于是他将包着的玉玺扔出了窗外。曹兵随即全部跑出寻找玉玺。当曹丕看到玉玺的时候，心中悬着的一块石头总算落了地。又经过几番假意推让，曹丕终于将玉玺接入手中。

公元220年十月，曹丕在许都举行了盛大的禅让加冕仪式，曹丕终于登上了期盼已久的皇帝宝座。曹丕改国号为魏，建都洛阳，该国号为黄初元年。曹丕的父亲曹操被追尊为武皇帝，庙号太祖。汉献帝刘协被废，被封为山阳公。

至此，汉朝气数已尽，曹丕正式建魏代汉。曹丕这出禅让闹剧也成为后世不少野心家所谓"改革"的手段。公元221年，刘备称帝，蜀国定都成都。公元229年，孙权称帝，国号吴。这种政治局面在历史上被称为"三国鼎立"。

局势分析

曹操死后，实权掌握在曹丕的手中，曹丕有实力直接废掉汉献帝称帝，却偏偏选择在世人面前上演一出"禅让闹剧"。自然，曹丕并不是真心推辞登基称帝，也急切地希望早一天登上皇位，并非真心想要做这种费神费力的事情。实际上，曹丕选择逼迫汉献帝禅让是有必要性的。

所谓禅让，是指帝王不将皇位传给自己的子嗣，而是让位给不同姓氏的，有才能的人。这是一种和平传承权力的政治制度。

禅让可以追溯到中国的尧舜禹。传说中，在尧年迈之时，众人举行了会议，一致推举舜作为新的首领，在尧对舜进行了几年观察考验后，舜成为新的部落首领。同样，在舜年迈之时，采用了相同的方法选拔了禹作为接班人。这种民主推举的方式可以有效控制不同的政见和舆论所带来的压力。

曹丕深知，想要代替汉室家族建立新的朝代，必须有一个理由，而汉献帝"自愿"让位于贤德之人，无异于为曹丕提供了一个名正言顺的称帝理由，堵住了众人的悠悠之口。

曹丕之后，不少人仿效了他的这一做法，比如司马炎的"以晋代魏"。后来的南北朝、隋、唐、后梁、北宋等各个朝代也都有帝王效仿。

禅让十分符合中国古代儒家的仁政和礼治精神，能够最大限度地减少牺牲和伤亡，有利于政权的平稳过渡。曹丕在胁迫汉献帝禅让的时候颇费了一番功夫，但事实证明这种努力是十分值得的。

说点局外事

曹操与七十二疑冢

中国民间广泛流传着曹操与七十二疑冢的传说。相传，曹操担心自己死后的坟墓遭到破坏就一连建造了七十二个疑冢掩人耳目。在曹操死后，安葬的当天邺城中被抬出了72具棺椁，之后它们被分别运往东南西北四个不同的方向，谁也不知道到底哪一个才是装殓了曹操尸身的棺木。

不过，经过考古学家的不断努力，已经确定了民间流传的七十二疑冢并不是真的曹操墓，而是北朝墓群。

关于曹操的死亡，还有这样一个说法。相传曹操自感大限将至，就指示身边的人在他死后为他穿上衣服戴上头巾葬在邺城西门豹祠堂附近，不要按照旧制举办葬礼。另外，不要设置陵邑神道和任何金银等陪葬品，以防被盗墓者发觉。

关于曹操陵墓的真实情况，史书上缺乏明确的记载，于是曹操与七十二疑冢就成了一个人们津津乐道的千古谜团。但于2010年6月，入选"2009年全国十大考古新发现"之首的河南安阳县安丰乡西高穴村的"安阳高陵"，被确认为是曹操的墓地。2013年"高陵"被列为第七批全国重点文物保护单位。

夷陵之战

公元 219 年，孙权设计侵占了关羽守卫的江陵地区，关羽在率军解围之时兵败被杀，荆州失守。从此，孙、刘两家关系恶化，联盟走向解体，并最终导致了夷陵之战的爆发。

公元 221 年 4 月，刘备称帝，建国号为汉，年号章武，定成都为国都。刘备称帝后第一件事就是召集文武群臣商讨伐吴大计。针对这个问题，当时蜀汉内部分为两派，一些立功心切的将士主张开战，但是大多数谋臣还是不赞同讨伐孙权的，大举讨伐对蜀汉极为不利。诸葛亮、赵云等人都劝谏刘备要冷静行事。诸葛亮知道刘备心意已决，无力劝阻。赵云建议刘备首先趁曹丕代汉、民心不稳之时攻打汉中，而不是攻打东吴。一旦曹魏被破，孙权自然归顺。但是刘备借口为关羽报仇，执意讨伐东吴孙权，还把直言劝谏的秦宓关进了牢狱。

正当众人极力劝说刘备放弃讨伐的时候，张飞被害的消息传来。细问之下，得知张飞是被手下人杀害，而刺杀张飞的两名士卒已经逃到了东吴。这令刘备大为恼火，讨伐东吴之心更切。

可以说，刘备对这次讨伐东吴是充满自信的。蜀国有着天然的地理优势：位于长江上游，群山环绕易守难攻。凭借蜀国的地势险要，即使刘备大举进兵吴国也不用担心曹魏方面会采取任何不利于蜀国的军事行动。

刘备不听劝阻一意孤行，亲自带领蜀国大军攻向吴国。孙权不敢小瞧刘备的实力：刘备帐下各将都是能征惯战的勇士。

面对大军压境，孙权主动请和。他派诸葛瑾到蜀国与刘备商谈，并且分析了蜀汉与吴对战会对当下局势产生的影响。虽然诸葛瑾已经尽其所能，但是刘备十分决绝，拒不退兵。孙权一看求和不成，只得迎战。于是他任命陆逊为大都督，率领 5 万吴军抵御蜀军进攻。

8 月，孙权向魏国称臣。魏文帝不听诸臣劝谏，接受了吴国归降。与曹魏暂时交好，孙权就可以尽全力与刘备对峙，而避免魏、蜀、吴国同时开战。

转过头再看北方的魏国。魏文帝发觉吴国与蜀汉两国联盟出现了裂痕，心中很是高兴。长久以来，吴国与蜀汉交好共同抵御曹魏，魏国野心再大也无法同时消灭两个强国。魏文帝决定利用各种手段加深孙吴与蜀汉两家的矛盾，自己则坐收渔翁之利。

公元 221 年 7 月，蜀国大军沿着长江一路出巫峡收复失地，之后直取江陵。

公元 222 年，蜀国水军进入夷陵一带，沿着长江两岸安营扎寨，营地绵延江岸数百里。这是一个地形十分复杂的区域，刘备这种沿江布置营房的做法犯了兵家大忌，不仅削弱了蜀军战斗力，而且一旦战事吃紧，蜀军根本没有退路。

相反，吴国的统帅陆逊则是深谙兵法。面对刘备的大军，陆逊并不急于与其对战，而是选择先退后进的战略，耗损蜀军的元气和士气。因为蜀汉军初到江东，锐气正盛，求胜心切，所以陆逊的战略十分有效。但是，一些久经沙场的将士感到十分愤怒和不解。他们认为陆逊是因为胆小窝囊所以一味退却而不发兵。另外，陆逊年幼且没有功勋，军中老将并不真心服从其调遣。看到陆逊一味忍让，老将们纷纷要求出战。面对部将的骚动，陆逊尽显大将之风，他大声呵斥，表示不管是谁，不服从军令的一律处斩，这才平息了吴军内部的骚乱。

面对陆逊的拒不出战，蜀军多次派人诱惑与挑战都是无功而返，这让刘备很是头疼。无奈之下，刘备调集军队改而攻打由孙桓带领的另一支吴军。面对蜀国马良、张南的围攻，孙桓的抵抗略显吃力，于是他派人向陆逊求救。孙桓是孙权的侄儿，将士们认为陆逊应该分兵赶去营救。

陆逊分析：孙桓素来领兵有方，且夷道（今湖北省宜都市）处城池坚固，粮食也充足，刘备取胜的概率不大。现在分兵营救等同于过早地分散和消耗实力，不是上策。因此，陆逊拒绝了孙桓和将士们的请求，没有出兵援助。事实证明，陆逊的决断十分明智，刘备最终也没有攻陷孙桓把守的夷道。

时至六月，天气已经十分炎热。这时的蜀吴两军已经在夷道、猇亭（今宜都市猇亭）地区对峙了半年。正如陆逊所想，蜀军由于天气炎热等原因士气和战斗力开始呈现下降的趋势。陆逊观察发现，为了避暑，刘备将营地布置得过于分散，这给了吴军可趁之机。

陆逊让军士们每个人都带上干草和火把，趁着蜀军松懈涣散的时候火攻大营。蜀军的营寨多为木栅所筑，且地处草木之间，连营数百里。火一起，刘备手下的士兵不知道发生了什么，纷纷四散奔逃。刘备也是丈二和尚摸不着头脑，不知道这火从哪里来，慌乱之中差点被吴军生擒活捉。刘备一直跑到了白帝城，才摆脱了孙桓的追击，他又气又恼，说道："当年的孙桓还是个小孩儿，今天竟然将我逼到这个地步！"

刘备手下黄权因为被吴军切断了退路被迫投降，勇将死伤无数。夷陵之战，刘备惨败给陆逊。

局势分析

公元 222 年爆发的夷陵之战，是孙、刘两家以争夺荆州八郡为目的而展开的，与官渡之战、赤壁之战并称为"三国史上的三大战役"。

夷陵之战是刘备生前的最后一次战役。在这次战役中，蜀国完全失去了荆州，并且被打的元气大伤，一下子变成了三国中实力最弱的国家。可以说这场战役在真正意义上确立了三足鼎立的政治格局，同时也基本把诸葛亮的政治战略蓝图，蜀国的战略优势尽失。自此，孙、刘两家也再也没有组成像之前那样坚不可摧的政治联盟，这为后来吴、蜀的相继灭亡埋下了伏笔。

夷陵之战的惨败大部分原因要归咎于刘备的错误指挥。刘备在战前不听从部下们地劝阻，恃强自傲、感情用事，已经犯了兵家大忌。在与吴军的对战中，刘备在战术上又出现了致命的错误判断，率领大军驻扎在山麓地区，导致蜀军失去了战争的主动权。

相比之下，吴将陆逊虽然年轻也没有经历过大战，面对蜀军的大兵压境却能沉着指挥，冷静分析并制定正确的战略战术。陆逊没有选择盲目开战，不在乎一城一池的得失，大胆实施诱敌深入，消耗敌军战斗力的作战方针。并在充分观察当下局势后巧用火攻，进而歼灭蜀国大军。

骄兵必败。刘备一生经历十分丰富，也打过很多败仗，但是没有一次战败像夷陵之败这样给他如此沉重的打击。没有什么军事头脑却不顾大局、一意孤行。可以说，夷陵之战中，身为一代枭雄的刘备犯下了他一生中最为严重的错误——致命且不可逆的错误。

说点局外事

诸葛瑾

诸葛瑾，字子瑜，诸葛亮的兄长，诸葛恪的父亲。由于诸葛亮的名气实在太大，很多人都会忽略了他的兄长诸葛瑾。实际上，诸葛瑾也是一位十分出色的谋士。

三国时期，诸葛瑾经鲁肃介绍效力于孙权帐下，为人宽厚，尽力调和东吴与西蜀之间的矛盾，是个值得信赖的谋臣。孙权十分器重诸葛瑾，就算意见不合也不会怪罪于他。孙权称帝后，诸葛瑾官至豫州牧。

诸葛瑾的个人魅力体现在他的谈吐上，他说话不急不躁，劝谏有度且懂得灵活应变。诸葛瑾虽然是个忠臣，却并不会心急直言，而是从容地表达出自己的大致想法，即点到为止。劝诫孙权的时候，诸葛瑾经常运用转移话题的方法，让孙权明白其中道理。诸葛瑾一脉的唯一继承人是诸葛显，在蜀国灭亡后迁居河东郡。

朱氏父子保江东

朱桓字休穆，吴郡吴县人。孙权担任将军的时候，朱桓在幕府中任职，后又被任命为余姚县长。朱桓到任后州县内遭遇瘟疫，粮食短缺。于是朱桓与部署官吏告别，亲自去民间抚恤百姓，救治病患。在朱桓的努力下，救济粮源源不断地运来，使得灾区的情况大有好转。因此他深受百姓和士兵的爱戴。

后来，由于业绩突出，朱桓被升为荡寇校尉，朝廷赐给他士兵二千，他自己又聚集散落的士兵，壮大了军队实力。当时丹杨、鄱阳山的贼寇蜂拥而起，他们攻下城池，杀掉长官，到处屯聚割据。朱桓率领诸将来回征讨贼寇，所到之处贼寇均被平定。之后，朱桓被晋升为裨将军，封为新城亭侯。

后来，朱桓代替周泰为濡须（今安徽无为）的都督。公元222年，魏国派大司马曹仁率领步兵骑兵几万人向濡须进攻。曹仁想要采取声东击西的方法来攻占土地，于是他就先传出虚假消息，说要攻打东面的羡溪（今安徽无为

东北）。所以，当朱桓分出一部分兵力到羡溪去的时候，才突然得知曹仁大军已经 到达距离濡须七十里的地方。于是朱桓立刻派使者去追回赶往羡溪去的军队。不料，大军还没追回来的时候曹仁的军队就从天而降了。而这时朱桓的手下以及所编配的士兵，总共只有五千人，面对曹仁的大军，众将官都很畏惧。

朱桓见状便开导他们说："凡是两军交锋，胜负的关键在领兵的将军，而不于在兵的多少。曹仁在用兵打仗上，怎么能比得上我呢？兵法上所谓两军在平原交战，进攻的兵力要比防守的多一倍，而防守的兵力只要一半就行。如今曹仁非有勇有谋之人，而且他的士兵们软弱畏怯，人心涣散，千里步行而来，人马都疲惫困乏。相比之下，我与各位共同驻守在高城，居高临下，且南临大江、北依山陵。照这样的形势看来，我们等对方疲劳的军队一来，就先发制人。这是百战百胜的形势，纵然是曹丕亲自率兵攻打，尚且不值得忧虑，何况是曹仁之辈呢！"

曹仁派儿子曹泰来攻濡须城，又分派将军常雕督率诸葛虔、王双等人乘油船去偷袭朱桓军中将士妻儿所居留的地方——中洲。曹仁自己则率领一万人留守橐皋（今安徽巢湖市境内），为曹泰等人提供支援。朱桓亲自率军队去迎战敌方油船，另派一部分士兵去攻击常雕等人。最后，曹仁的军队战死了一千多人。回到东吴之后，孙权为了犒赏朱桓的功劳，封赏他为嘉兴侯并升为奋武将军，成为彭城（今江苏徐州）相。

公元228年，鄱阳太守周鲂假意投降诱骗魏国大司马曹休派兵接应。于是曹休率步骑兵十万到皖城迎接周鲂。当时陆逊任元帅，全琮与朱桓为左右督，各自督军三万人攻打曹休。曹休见状，自知被骗，想立刻率军返回，因自负兵多人众，便主动挑战吴军。朱桓献计说："曹休在魏国是靠亲戚关系才被任用的，并没有真才实学，今日一交战必然失败，而败后必逃走，逃走时需要由夹石（即北硖山，今安徽桐城与舒城交界）、挂车（今安徽桐城）这两条很险峻的道路通过。如果我们以上万的兵力用柴阻塞道路，到时他们就将无路可走，而曹休也会成为我们的瓮中之鳖。臣请求率领部下来截断他的退路。如果蒙大王天威，使得曹休自己投降，便可乘胜追击，长驱直入，夺取寿春（今安徽寿县），立足淮南，并规划攻取许昌。"孙权听后先与陆逊商议，陆逊认为此法不可行，所以计策没被实行。

公元229年，孙权任用朱桓为前将军，当青州长，授给符节。公元237年，魏国庐江主簿吕习诱骗吴国派大军去迎接他，他将要开城门接应。朱桓与卫将军全琮率军队去迎接。到了以后才发现是骗局，当即命令军队退回。距离城外一里多有溪水，方圆三十多丈，深八九尺，朱桓命各军兵士先渡水回去，自己在后面截断敌兵。这时庐江太守李膺整顿兵马，想要在渡河靠近朱桓军队时攻击。等到他看到朱桓的符节伞盖在后面，犹豫之后终决定不出兵，由此可见朱桓的威风凛凛，使敌人闻风丧胆。

当时全琮为督军，孙权又令偏将军胡综参与这次作战。全琮因为军队作战没有收获，计划令诸将士去偷袭。朱桓心高气傲，全琮是全军总督，朱桓与全琮在行动计划上争执。全琮为自己辩解说："皇上任命胡综为都督，我认为应该这么做。"朱桓听后更加愤恨，回去后就派人叫胡综来。

朱桓到营门迎接胡综，回顾左右的人说："我要杀了他，你们谁也不要管。"然而还是有人把这事悄悄告诉了胡综，让他逃过了此劫。朱桓左等右等没有见到胡综，后来知道是左右的人救了他，气愤地砍杀了透露消息的人。朱桓的佐军劝谏，朱桓不理又刺杀了佐军，之后他假装狂病发作，回到建业（今江苏南京）疗养治病。

孙权因为爱惜朱桓的功劳与才能，所以没有治他的罪。随后，孙权派他的儿子朱异代为统领部队，命令医师去看护朱桓，数月后再把朱桓送回中洲。当时，孙权亲自来钱行并对朱桓说："如今国家还没能统一，贼寇众多，扰乱秩序，我想和你共同平定天下。想派你督率五万人，想来你的病没有复发吧。"朱桓说："上天给予陛下圣明英姿，应该成为统治天下的君主，如今重用微臣，要我去除掉奸贼叛逆，我的病会自然痊愈的。"

朱桓生性喜欢护短，羞于做别人的下属，每次与敌人交战时，如果他的军队节制调度不能自由指挥，他就会愤怒，情绪不能自控。他轻利重义，而且有过目不忘的好本领：见人一面，能数十年不忘记，以至于他对军队的士兵乃至其妻子儿女，都很熟悉。他体恤属下和士兵们，对他们的家属也照顾有加，并把自己的俸禄金钱与亲族共享。朱桓病重时，全军营的人都为其悲痛哀伤。

公元 238 年，朱桓病逝，他属下的官吏士兵及其家属，无不痛哭哀号。朱桓死后，家里财物所剩无几，孙权特赐给家用五千斛，用来操办他的丧事。朱桓的儿子朱异字季文，以父亲的关系任郎官，后来当了骑都尉，代替朱桓领兵。

公元 241 年，随朱然攻打魏国的樊城，攻破樊城的外围军队，回去后当了偏将军。魏国庐江太守文钦的军营，驻扎在六安，在许多要道上安置屯兵营垒，以招引亡命叛徒，这成为吴国边境的一大祸害。朱异就亲自率领手下二千人，偷袭攻破了文钦的七个营垒，消灭百余人，平定边境。战后，朱异被升为扬武将军。

孙权和朱异谈论军事上攻守的战略战术，朱异的应答让孙权很满意。后来孙权对朱异的伯父骠骑将军朱据说："曾听说季文智勇双全，直到见他以后，才觉得他比听说的还有才干。"

公元 250 年，文钦暗地里给朱异写信说他要投降，叫朱异来接应他。朱异将文钦的来信上表孙权并揭穿了文钦的阴谋骗局，奉劝孙权不可派兵去迎接。孙权下诏书说："如今北方未统一，文钦说要来归顺我朝，应该立即去迎接，如果怀疑他有诡诈，就应当设计去捉拿他且多加兵力以防范。"于是派吕据率领二万人与朱异一同前往北方边界。到达后，吴军发现文钦果然是假投降。

公元 252 年，朱异被升为镇南将军。这一年魏国派遣胡遵、诸葛诞等人出征东兴，朱异率领水军攻打敌方的水面上的船桥，把它破坏殆尽，重创魏军，结果魏军大败。公元 257 年，孙权授给朱异符节，封为大都督。后来，他在去救寿春的围困之时未能成功，回来后被孙琳冤枉害死。

陈寿评论说："朱治、吕范都因旧臣而被任用，朱然、朱桓因勇敢猛烈而出名，吕据、朱异、施绩都有将帅领导的才能，能继承父业。像吕范、朱桓这样的人超越了人生重要的规范，竟能够得到善终。至于吕据、朱异，并没有这样的过错，反而遭难，是因他们所遭逢的时世不同。"

局势分析

作为东吴大将之一的朱桓，虽然他性格很高傲，但是面对敌众我寡的紧急情势，他能表现得临危不乱，镇静指挥，最终以少胜多，创造奇迹。朱桓作战的勇敢使敌人畏惧，但其性情冲动也招致麻烦。但是他轻财重义，体恤下属士兵乃至家属，与属下如同亲人。他会将自己的家产和俸禄分给士卒和亲属们一同享用，这体现出他轻财重义的风范。所以，后来朱桓在病重的时候，全军将士甚至家属都非常担忧他。

说点局外事

落头氏

在小说《三国演义》中，朱桓的初次出现是在第 38 回。关于朱桓，中国民间流传着一则"落头氏"的故事，这个传说略显惊悚。

据说，朱桓家中有一个侍女是"落头氏"，即每天这个侍女入睡后，她的头颅都会飞离身体在外游荡，一直到快要日出了，她的头才能再飞回来。

有一天，这一幕正巧被朱桓看到了。原来，当天晚上这名侍女的头像平时一样飞走了，之后和她一起的另一名侍女察觉到她身上的被子滑落就摸黑帮她再次盖住了身体，但是这名侍女并没有看到"落头氏"的样子，而且无意中用被子盖住了她的脖子。因此，当"落头氏"的头回到屋子中的时候却怎么也不能回到原来的身体中了，最后只得落在地上，眼看就要气绝身亡。

这时候，朱桓走进房间看到了地上的头颅，便立刻将被子拉开让侍女的头回到了原位。虽然朱桓救了这名侍女的性命，却感到"落头氏"的不祥，于是"落头氏"一族最后流落到了海外，在日本被称为飞头蛮。

刘备托孤

陆逊派人偷袭蜀汉军营，蜀汉军队此时并无任何的防范，大火借着风势，很快就烧成火海，刘备损失了近半人马。在众将士的殊死保护之下才将刘备

救出火海，逃到白帝城（今重庆奉节）。刘备觉得自己无脸回成都，便把成都的大小事宜交付给丞相处理，独自居住在白帝城。

刘备心想：当初，我如果听得诸葛亮、赵云等人的建议，怎么也不会落得现在的下场。我只知与孙权有不共戴天之仇，只知道歼灭东吴才能解开我心头的怨恨，却忘了以国之大局为重的道理。只顾为兄弟报仇，可结果是仇不但没有报了，反而是损兵折将。曹丕坐山观虎斗，东吴在此次战争中也得以扩大势力范围，我可真糊涂啊！

刘备在白帝城，每日是浑浑噩噩，茶饭不思。他一是担心国家大事，二是想念关、张二弟，整天郁郁寡欢，眼前经常出现兄弟相处的画面，而且在梦中听见关、张呼唤他。刘备知道自己也将不久于人世：那时候的人非常迷信，认为死去的人在梦中呼唤自己，说明自己也要离开人世。他立即派人把诸葛亮、李严等人叫到身边，把以后的事情交代给了二人。

丞相诸葛亮得到刘备病重的消息，而且是急切召唤自己就知道了事情的严重性。他让太子刘禅镇守成都，以免魏、吴乘机而人。随之，诸葛亮找到尚书李严，二人带着刘备的次子鲁王刘永、梁王刘理火速赶奔白帝城。一路之上，日夜兼行，风餐露宿，不敢有丝毫的怠慢。

诸葛亮等人到达白帝城，君臣相见、父子相见，不禁泪流满面。诸葛亮看到往日威武的刘备病倒在床上，十分消瘦，心中万分的悲痛，想起刘备对自己的百般敬重与礼遇不禁老泪纵横。

刘备叫诸葛亮坐在他的床边拉着他的手，强打精神说道："朕有幸得到丞相辅佐，真是三生有幸啊！丞相一生之中用兵布阵可谓出神入化，才使得朕拥有这宏伟的基业。但我目光短浅，不听丞相的苦口相劝一意孤行，报仇心切，而结果却是惨败而归。我知道我活不了多久了，大汉的江山社稷还要仰仗丞相！刘禅生性软弱，丞相一定要竭尽全力辅佐他，否则我们历尽千辛万苦打下来的江山就要葬送在他的手里了！"

诸葛亮听着刘备叮嘱，满眼泪水，劝道："陛下，不要胡思乱想，等到您龙体康复，接您回成都，一起商议报仇大事，还有我们的统一大业。"李严也说道："陛下，安心调养龙体，不要过多地考虑，我蜀国大军是一定能够将东吴击败的！"

从此诸葛亮等人便一直守候在刘备的寝宫之中，有一天，刘备问诸葛亮："丞相，凭你的了解观察，你认为赵云将军怎么样？"诸葛亮道："子龙生性忠诚，直言直语，而且有勇有谋，英勇善战。"刘备道："朕与丞相看法相同，将来是可以委以重用的良才，他有大将风度，那马谡这个人又如何？"诸葛亮道："此人也是颇有一些的才华，而且熟读兵书武艺也十分了得。"刘备这次却摇了摇头说道："丞相，此人喜吹嘘，有时候说话爱夸大来讲，这个人以后要谨慎使用啊！"

刘备的病情一天比一天加重，但是心中并没有忘记处理朝中的事，每天都会和丞相谈论朝中的事情，这一日刘备召集群臣入殿，给太子刘禅写了遗诏。

诏书中说：朕领兵作战几十载，为你叔父二人报仇却败给了孙权，这才居住在白帝城。偶患下痢，转而生杂病，病情长时间得不到好转。我现在年过花甲，现在离开也没有什么遗憾了。但我只是担心我们大汉江山，我和丞相及诸将历经千难万险，才创造出现在的江山社稷，所以你们兄弟几人一定要齐心协力，为大汉社稷着想，为天下的百姓着想。切记勿以恶小而为之，勿以善小而不为。治国安天下，不能仅靠武力，而应靠贤能和德行。丞相为大汉天下呕心沥血，我去世以后，对待丞相一定要像对待我一样，要格外地尊敬丞相，今后朝中大小事宜都要和丞相商量，不得怠慢今后朝中之事，一定要向丞相多请教，千万切记！刘备把诏书交给诸葛亮，让诸葛亮转交给太子刘禅。

刘备又对诸葛亮说："丞相，你劳苦功高，威望极高，所以在将士们心中你是他们心中的英雄，会得到他们的钦佩。如果刘禅听你辅佐，你就尽力去辅佐他，如果他并不听从你的指挥，那你就代替刘禅当益州之主。安邦定国，统一天下，我这是发自肺腑之言！"

诸葛亮听完刘备的一番话，立刻跪倒在地，说道："陛下一生征战，礼贤下士我朝中的文武百官，因而臣等一定会兢兢业业，竭尽全力辅佐太子，共同治理天下的。微臣一定尽忠臣之节，辅佐太子，请陛下放心！"说完给刘备叩了一个响头，额头由于用力过猛都出血了，刘备十分满意地点点头。

刘备又把两个儿子刘永、刘理叫来，说道："儿啊，你们一定要答应父皇，全心全意地辅佐刘禅，不可因为皇位而兄弟之间互相残杀。遇到事情一定要和丞相商议，对待丞相就像对父亲我一样，千万切记！"诸葛亮听了再次老泪纵横。

刘备对李严说道："朕即将离去，尚书在朝中要多费些心思，辅佐太子共创我大汉未完成的统一大业才是。"李严跪倒在地说道："陛下，老臣会以死来报答您对我的知遇之恩，我定会竭力辅佐太子！"

大将赵云那么一位坚强的威武将军，如今听了这番遗言也是热泪盈眶，刘备说道："子龙，不必为我过度悲伤，我已经 60 多了，我们共患难，现在我却要先你们而去了，希望你好好照顾我的儿子！"赵云哭着说道："臣一定效犬马之劳，为大汉的千秋基业，请陛下放心！"

刘备在白帝城驾崩，时年 63 岁。尚书李严镇守永安（刘备白帝城行宫，亦是刘备托孤处。今重庆奉节），诸葛亮及百官把刘备的灵柩运回成都安葬。成都城内陷入一片悲痛之中。之后太子刘禅继位，改年号为建兴，尊称诸葛亮为相父。

曹丕得知刘备去世，心中大喜，他知道刘禅生性软弱，可以抓住这次机会一举攻下蜀国。于是曹丕亲自率领五路大军进攻蜀地。刘禅一听就惊慌失措，立刻命人去请相父，而此时的诸葛却以有病在身不予相见。刘禅有些不高兴，心想：我的父皇在临终之前百般嘱托，让你辅佐我，现在先皇刚去世不久，你却抱病在身不予相见。不得已，刘禅亲自到相府找诸葛亮。

诸葛亮一看刘禅来到，赶忙起身跪拜，刘禅将诸葛亮扶起说道："相父，如今身体可康复？"诸葛亮道："臣身体近期一直不好，但我不敢休养，陛下此次前来是不是问我退敌之策啊？"刘禅默认，诸葛亮接着说道："破敌之计，我已想好，但是现在我们需要一人去东吴，说服孙权与我们兵合一处共同抗曹。"刘禅问道："相父，那您认为谁能够去说服孙权？"诸葛亮道："户部尚书邓芝博学多才，且能言善辩，胆识过人，是我想举荐的人。"

于是，刘禅派邓芝去联吴抗曹，邓芝接过刘禅的圣旨就奔东吴而去了。到了东吴那里，孙权却在大殿的门口放置了一口大锅，锅下大火烧得正旺，邓芝毫不畏惧，昂首进殿，对孙权说道："东吴与我蜀国可谓唇亡齿寒，如今曹丕来攻蜀汉，如果他真的将蜀国化为己有，那么他们随后一定会攻打江东的，到时候蜀地被灭掉，江东也就存在不了多长时间了。"孙权被邓芝说服了，答应与刘禅联合抗击曹丕。

曹丕听说吴国与蜀汉已和好，大怒，便转而兴兵讨伐东吴。无奈长江天堑两次狂风大作，将曹丕的大军硬是挡了回去。

局势分析

刘备政治生涯的前半期颠沛流离，建立蜀汉政权也实属不易。然而，在君主世袭制的社会背景下，刘备不可能拥有轮番而治的民主思想，在君权神授的指导下，刘备也不会将千辛万苦打下的江山拱手送给异姓人，所以，对于刘备托孤之言，比起"取而代之"更可以理解为是"自行其事"，即刘备赋予诸葛亮的是废立之权。

刘备只是赋予了诸葛亮"废立之权"，如若太子刘禅不能胜任，那么次子刘永以及小儿刘理皆可一试，可以说刘备这是以退为进，这样既感动了诸葛亮又能让其尽心竭力辅佐刘氏江山。而作为丞相的诸葛亮，能做的就是"忠人之事""鞠躬尽瘁死而后已"。总之，永安宫托孤可谓刘备死前的明智之举，奠定了日后蜀汉政治发展的基础。

说点局外事

白帝城

白帝城，三面环水，一面是山，是水陆交通要地，历来是兵家必争之地。三国时期，刘备在夷陵大战失利后托孤诸葛亮，白帝城也因此留名史册。

白帝城的名字源于自号白帝公孙述。公孙述原本是西汉末年割据了蜀地的一名军阀，后来自立为皇帝，由于公孙述字子阳，因此白帝城也被称为子阳城。人们为了纪念公孙述的功绩，在蜀中建立了白帝庙，后来公孙述被灭，白帝庙中供奉的人像神像也是一换再换。

白帝城又被誉为"诗城"，其风景美不可言，中国历史上很多著名的诗人都留下了大量关于此地的诗篇。对现代人来说，古迹甚多的白帝城也是一个旅游的好去处。

在此不仅能观赏白帝城的美丽山水，而且还能感悟唐代诗仙李白赋予这座"诗城"的诗歌魅力：

《早发白帝城》

李白

朝辞白帝彩云间，千里江陵一日还。

两岸猿声啼不住，轻舟已过万重山。

徐盛吓退曹丕

徐盛，字文向，琅琊莒县（今山东莒县）人，是三国时期吴国的名将。在汉末时期因为战乱客居江东，由孙权所设的"招贤馆"而登用，从此开始辅佐孙权。

曹丕登基之后，率领大小战舰几十艘，从蔡水和颍水两条河进入淮河，很快大军就顺利到达广陵。消息传到武昌，孙权大吃一惊。安插在前方的密探接连报告说魏文帝拜曹真为大将，自己乘着龙船已经到达了寿春，接着又向东面进发了。吴王孙权召集重臣商议如何对抗曹军，而最先要解决的问题是派哪位大将率军应敌。有人提出建议若要大败魏国军队，一定要陆逊挂帅出马。

孙权是知道陆逊的实力的，关羽、刘备都败在他手里，一个曹真是不能抵挡他的。但是太常顾雍赶忙说："不行，不行！陆伯言现在正在镇守荆州，荆州是我东吴的边塞之地，不到万不得已是不能轻易调动的。"孙权点点头，接着又提出问题："那你们认为谁去比较合适呢？"大伙你瞧瞧我、我瞧瞧你，一时并不能找出合适的人选。安东将军徐盛说："陛下，如果可以，我愿意带兵应战曹军！"孙权很高兴地说"有你去守江南，我自然是不必担心了。"

安东将军徐盛暗地里布置兵马驻守南岸，他命人将所有的战舰都秘密地停靠在港口里。魏文帝上了龙船上层，远远地瞭望广阔的江面，并没有见到一只船，一面战旗，甚至是一个人影。他不由得纳闷说："奇怪了，这是怎么回事？"谋士们说："兵法虚虚实实，实实虚虚。东吴知道大军过来，一定做了最为充分的准备。我们刚到这儿，对这里的情况并不熟悉，遇事千万不可马虎大意。"

魏文帝知道孙权的厉害，所以在下每一道命令之前都十分谨慎，害怕中了孙权的圈套。他就说："且等一两天看看动静。"所以曹丕下令将所有的战舰都停靠在江北安扎水寨，准备第二天一早派人到江南去仔细侦查一番再做定夺。

当天晚上，江面上大雾弥漫，尽管曹军的大小船只上都点上了火把，燃起蜡烛，可是一闪一闪的火光就像萤火虫那样只照着自己的后面，江面上依然是模模糊糊，什么都看不清。第二天，江水高涨，还伴着呼啸的大风。太阳从云端里"硬"钻出来，渐渐地将弥漫的大雾冲散了。

魏文帝站在龙船上刚一抬头，就是一阵狂风，差点将他的帽子掀翻。他整了整帽子，拉紧衣袍，又蜷缩着向对面望去，不禁一惊，简直不相信自己的眼睛：对面江上出现了一座"长城"，城上旗子飘扬，船上的士兵们拿着锃光瓦亮的兵器在水光映衬中光闪摇曳。龙船上的将军和谋士见了，也不由得瞠目结舌、大惊失色。探子一个个连着上来报告说："对面接连几里的水域上都是营寨，营寨上到处都是插满的战旗以及数不清的士兵。"

魏文帝叹了一口气，自言自语："我魏国虽有1000队骑兵，可是到了这水面上也派不上用场啊。江南的人物竟然有这么大的本事，唉，可能这次南征是难以将东吴拿下啊！"

他哪儿知道这是东吴大将徐盛趁着晚上起雾，命令把事先安排好的大小船只都划了出来，在江面上一字排开并在船上临时搭建假的城门和城墙。城上的士兵全用芦苇扎成，穿上军衣，拿着刀枪。接连几百里的假的城池都是在一个晚上完成的，连城外江面上都是大战船。曹丕见到江南是如此的雄伟有气势，不由得泄了气，心想是无法将这江南拿下来了。思绪未定，忽然江面狂风大作，翻卷着看似浑浊的浪头越掀越高，太阳又躲到云端里去了。不一会工夫，只见对面江面上白茫茫的一片，大战船后面隐隐约约还露出城头和大旗，好像泼墨山水画一样，远处的景物似乎已经不见了。

魏文帝坐的龙船比一般的战舰大得多，并不怕大风，可是因为船体太高，一阵暴风刮来，差点就将大船刮翻了。大臣们慌忙扶着魏文帝下了船舱，接着又是一个大浪，一下子灌得船舱里满是水。龙船在大风的吹动下在江面上摇摇晃晃，好像快要停下来的陀螺似的。将士们赶忙将魏文帝护驾到小船只上撤兵返城。

这一次，东吴并没有与魏国大军发生正面的交战就将曹军吓退。第二年，不甘心的魏文帝再次率领大量水军攻打东吴，刚到江南又赶上江上狂风大作。他只好叹息着说："唉！这是天把南北分隔开来呀！"于是他从陆地上回了国，几十只战舰沿着弯弯曲曲的水道费尽周折才成功地退出江面。

局势分析

徐盛是个非常有头脑的人，在抵御黄祖入侵的时候，徐盛就以不到二百人的兵力抵挡住了黄祖的千人。黄祖被打败之后就再也不敢侵犯东吴。因此孙权非常重视徐盛，后来徐盛又接连打赢了不少战役。

在兵家的斗争当中，并不仅需要勇猛厮杀更加需要缜密的思维、周详的计划。用兵讲求虚实变换，"实"是"虚"的掩体，"虚"又在"实"中发挥重要作用。徐盛在一夜之间建造百余里的假的城墙，高深莫测的用兵之法硬是吓得魏国大军产生畏惧的心理不敢贸然前行。带兵打仗，重要的是抓住自身优势，选取最为恰当的破敌之策，这样的战争在未开战之前就已经掌握了主动权。

说点局外事

建安七子

建安七子，活跃于公元196年至公元220年之间，指的是孔融、陈琳、王粲、徐干、阮瑀、应玚、刘桢等七位文学奇才。建安七子曾在中国文学史上做出过巨大的贡献，曹氏父子未被包含在七子之内。

建安年间，曹操在占领了邺城之后开始发展文学文化。建安文学以曹氏父子为领袖，建安七子为代表，学者们各自抒发情怀，有的写战乱之苦，有的描述社会风气，有的偏爱歌功颂德。建安文学在中国历史和文学史上占据着十分重要的地位。

如今，建安七子的原著都已经失传，但是却为中国留下了"建安风骨"

的精神财富。经过研究发现，建安七子多写东汉后期兴起的一种新诗体——五言诗，配合了当时社会发展的需要。

三国时期，军阀混战、社会动荡，而建安七子却在文学上大放异彩，可以说，文学的发展是与当时的社会环境是密切相关的。

第四章　尾音

高潮过后走向衰弱和低谷，这是历史发展的必然规律。岁月不饶人，随着时间的推移，曾经叱咤风云的人物逐渐步入暮年，他们拼尽一生建立的伟业开始由新生代接管。夷陵大战之后，极盛一时的蜀汉走向衰弱，江南孙权的统治日渐昏晕，而代替曹操治理曹魏的曹丕则是一个颇有手段的野心家。自此，三方合奏的局面发生了变化，并终被新生的晋国所取代。

诸葛亮之死

夷陵之战的惨败让刘备执掌的蜀汉政权实力一落千丈，成为当时三个大国中最弱的国家。刘备也在大战后忧愤病倒，白帝城托孤诸葛亮之后便撒手人寰。所幸的是，西蜀地大物博，朝廷百姓上上下下团结一心，所以蜀汉并没有就此衰落下去。另外，丞相诸葛亮十分善于治理与发展国家。经过短短的几年时间，蜀汉的财政、军事等方面就开始全面恢复，南蛮也被平定。

诸葛亮认为通过几年的休养生息，国家再次拥有了扩张的实力，于是决定着手实施北定中原的计划，实现蜀汉一统天下的霸业。公元227年，诸葛亮上书后主刘禅，表明其出征的计划和目的，即闻名于世的《出师表》。

公元228年春天，诸葛亮亲自率兵，开始北伐中原。在战术上，诸葛亮分兵两路：他命令赵云和邓芝进驻箕谷（今秦岭太白山），放出消息说蜀军要进攻郿城（今陕西眉县），以起到迷惑魏军的作用；自己则带领大军主力直奔西北，攻向祁山（即今天的关陇一带）方向。

曹魏在祁山地区的守卫比较弱，而且没有提前做任何的战斗准备。天水、南安、安定三郡面对诸葛亮的进攻不战而降。曹魏十分看重天水，这是因为天

水自古以来都是盛产战马的重要城镇，而且骑兵英勇善战。魏明帝曹叡听闻诸葛亮来袭十分震惊，亲自坐镇长安调兵遣将。他撤了夏侯楙（字子林）的职，命令曹真带领一支人马抵御赵云，张郃则率领 5 万大军西去与诸葛亮开战。

诸葛亮见曹魏大军杀来，就命令马谡严守街亭。作为咽喉要地的街亭，其重要性不言而喻。大将军马谡深得诸葛亮重视，自视甚高。到达街亭之后，马谡一意孤行将主力部队驻扎在山上，既没有听从诸葛亮的部署，也没有听取部下王平的劝阻。

王平对马谡这种驻扎军队的做法感到疑惑和吃惊，于是直言马谡这样做的危害。马谡身为大将，却性情狭隘、刚愎自用，哪里能容部下的质疑？他将王平远调到别处扎营，自己则带领士兵们守着山头，坐等与张郃部决一死战。

张郃到达街亭，发现蜀军并没有把守重要的关口，而是全都跑到小山上安营扎寨，犯了兵家大忌，完完全全是自寻死路的做法。于是张郃放弃与马谡正面交锋，派兵将山丘团团围住，之后切断了山上的水源和王平的支援，等待马谡的军队支持不住不得不下山对战的那一天。

张郃这一计确实够狠。很快，马谡的军队就面临了严重的水源短缺问题。没有粮食士兵还可以支持些日子，但是没有水的士兵却根本没有办法打仗。此外，张郃还命人四处放火。被围困在荒山顶上毫无对策的马谡只好带着士兵下山突围，但是几次冲锋都没有成功。最后，蜀军被打得四散奔逃，马谡就这样轻易地被张郃杀败，狼狈地逃回了成都。自此，街亭失守。

马谡由于夜郎自大而导致的失败造成了无法弥补的严重后果。街亭的失守意味着蜀军的暴露，同时赵云等人亦是无功而返。情急之下，诸葛亮在将西城（今甘肃西和）一千多户百姓迁到关中之后便借机（《三国演义》中的"空城计"）撤退了。就这样，原本战绩辉煌的第一次北伐以失败告终，不仅仅使天水、南安、安定三郡得而复失，兵士军备损失惨重，而且蜀军的士气遭受了很大的打击。退回成都之后，诸葛亮不得已杀了爱将马谡，提拔了王平，同时自贬为右将军以示悔恨之心。

公元 228 年冬天，在石亭（今安徽潜山）一战中曹休被陆逊打败之后，诸葛亮再次出兵北伐。趁着魏军主力东下增援的时机，诸葛亮派兵出散关（今陕西宝鸡）包围了地势险要的陈仓（今宝鸡陈仓）。曹魏军死守，且陈仓本身就易守难攻，蜀军多次进攻都没有攻克。魏军和蜀军对峙了 20 多天，蜀军出现了粮食供应不足的状况，诸葛亮考虑到曹魏援军即将到来，便命令大军撤退。这次北伐依旧无功而返。

公元 229 年春天，诸葛亮安排了第三次北伐，蜀军攻下了武都（今甘肃西和）和阴平（今甘肃文县）。之后，诸葛亮为了巩固汉中的势力，留下守卫将士便回到了汉中。

公元 230 年秋天，魏明帝指派司马懿、张郃和曹真三人分别由西城、子午谷（今陕西长安）和斜谷（今陕西眉县）三个方向进军汉中。诸葛亮听闻曹魏大军进犯，率兵在龙亭山南静等对战。谁也没有想到，这次战役还没打响就赶上了罕见的气候——连降 30 多天大雨。雨水冲刷，道路被毁，魏军和蜀军无法进行交战。于是，魏明帝命令司马懿的等人班师回朝。

公元 231 年 2 月份，诸葛亮再出祁山，而曹魏司马懿率、张郃等人早已准备好迎战蜀军。诸葛亮率领十万蜀军到达祁山时，发现曹魏将士严阵以待。于是告诉手下将士可以悄悄收割陇上的麦子，以弥补蜀军北伐道远导致的粮食供给不足问题。

兵贵神速。在祁山安顿好了王平等人之后，诸葛亮快马加鞭，趁曹魏不备带领姜维、魏延等一干大将直奔上庸（今湖北竹山）而去。等到司马懿领兵到达祁山之时，见诸葛亮并不出兵便心生疑惑。不过很快，他就得知有一支敌军正在前往上庸。这时的司马懿才终于明白诸葛亮的用意，急忙派兵赶去解除上庸之危。

诸葛亮到达上庸，姜维、魏延等人将守城的魏将费曜杀得大败，而蜀军顺利抢到了陇上的夏收新麦。司马懿得知这一消息，深知与诸葛亮相比自己的智谋还是略逊一筹，但是仍然心有不甘。一筹莫展之际，司马懿决定带兵偷袭正在卤城（今甘肃礼县）晒麦子的诸葛亮。

诸葛亮早就料到司马懿会跑来抢夺麦子，所以提前做好了对战的准备。当司马懿带着曹魏的大军杀来，诸葛亮就命令事先埋伏在卤城东西麦田里的姜维、魏延、马忠、马岱等人击杀曹军。诸葛亮则带着一支队伍从卤城城内杀出。司马懿原本想要偷袭蜀军，没想到反而中了诸葛亮的埋伏。一时间，曹魏军被蜀汉军团团包围，司马懿率军拼命才杀出一条血路，突出重围。

连续吃了几次败仗，司马懿自知抵不过诸葛亮，就命令魏军由攻势转为守势，死守据点和险要关隘，拒不出战。诸葛亮虽然有心与魏军决战，可是司马懿就是不应战，诸葛亮一时也拿魏军没有办法。可是，这样对峙并不是长久之计。蜀军远道前来，再过不久抢来的粮食也要吃完了。诸葛亮见形势得不到改观，于是下令撤退。

司马懿看到蜀军回撤，以为这是一个取胜的好机会。他令将士出城，从后方追击蜀军。这一次，司马懿再次失算。当魏军追至木门，埋伏在两旁的蜀军万箭齐发，再次大败魏军，司马懿的百余位部将死于乱箭之中。这一次北伐虽然也没有达到预想的效果，但是诸葛亮"重地则掠"的策略对战争的进程起到了十分重要的作用，保障了蜀军在北伐过程中的粮食供应。诸葛亮灵活的战争策略不得不让人由衷赞叹。

公元 234 年春天，诸葛亮再次引大军征讨魏国。为了这次北伐，诸葛亮足足准备了三年，并且与吴国孙权约定共同起兵。历史上，这是诸葛亮指挥的最后一场战役。

诸葛亮于渭水南五丈原安营扎寨，并且一到达渭水就开始派人分兵屯田，准备与魏军打一场持久战。司马懿吸取了之前的经验，面对蜀军的来袭采取了免战的策略。诸葛亮用尽办法刺激羞辱司马懿，可是司马懿就是不为所动，坚壁拒守，拒不出战。

正当诸葛亮与司马懿对峙之时，孙权出师不利的消息传来。原本约定共通过攻打魏国的孙权带兵又退回江南地区，这让诸葛亮十分担忧。一旦曹魏援兵赶到，局势将对蜀军极为不利。

公元 234 年 8 月，诸葛亮终因过度劳累积劳成疾而病倒。刘禅一听说身为国家脊梁的"相父"卧床不起，即刻派人前往诸葛亮处探问病情，又询问了不少国家大事。诸葛亮知道自己的病情严重，有可能就此离世。几天后，刘禅的使者又来探望，诸葛亮就告知他说，一旦自己离开人世，就可以启用蒋琬代替我的位置。使者问："蒋琬之后还有谁可以接替呢？"诸葛亮回答说是费祎。使臣再问费祎后者，诸葛亮却不再回答了。

几天后，诸葛亮于五丈原辞世，名震四方的卧龙先生为蜀汉奉献了一生，终年 45 岁。

诸葛亮死前，告诉姜维死后要秘不发丧。他深知，一旦曹魏知道了自己死讯，必定起兵大举进犯。姜维按照诸葛亮生前的吩咐，丝毫不慌乱地率领大军撤退。司马懿本想再次追赶，但是对上一次中埋伏的事情仍然心有余悸，看到蜀军有反击的态势便作罢。姜维带领大军进驻了斜谷，确认安全之后才下令将士为诸葛亮发丧。诸葛亮的讨伐中原之路就此终结。

局势分析

诸葛亮是中国古代三国时期杰出的政治家、军事家，现代人仍然对诸葛亮给予相当高的评价。诸葛亮自出世以来，兢兢业业、勤勤恳恳，为保刘备和汉室江山费尽了心血，正所谓"鞠躬尽瘁，死而后已"。

诸葛亮去世后，强盛一时的蜀国在刘禅的统治下开始逐步走向衰弱。后主刘禅昏庸无能，轻信谗言，毫无定国安邦之心。在诸葛亮之后，虽然有蒋琬、姜维等人竭力再次兴国，无奈蜀国气数将尽，任谁也无力回天了。公元263 年，蜀国被魏国所灭。

说点局外事

五丈原

提到五丈原，很多人并不陌生。没错，中国历史上伟大的政治家、军事家诸葛亮身殒于此。三国时期，诸葛丽几次北伐与司马懿对战，最后终因积劳成疾而病逝。

五丈原位于棋盘山北，棋盘山也是得名于诸葛亮。相传，诸葛亮曾在此地下过棋，因此得名"棋盘山"。五丈原三面是崖，土层深厚、水资源匮乏，民间流传着"有女不嫁五丈原"的说法。

关于五丈原的命名，目前有几种不同的说法：

一、五丈原的高度相当于汉代的五十丈，因此得名。

二、传说秦二世出游到此写下"五丈秋风原"而得名。

三、五丈原地形形似葫芦，中央最窄部位约为五丈，故得名。

四、五丈原北部最窄部分约为五丈，故得名。

五、五丈原地形似汉代五字，后误传为五丈原。

五丈原这一地名首次出现在诸葛亮的书信中，之前并无其他资料可供考究。后人为了缅怀诸葛亮的功德，在此修建了庙宇。

郭淮退蜀军

郭淮，字伯济，太原阳曲人。征西将军夏侯渊与刘备在汉中激战相抗时，郭淮便是夏侯渊的司马。

夏侯渊在战事中阵亡后，郭淮唯恐军心动荡，便举荐荡寇将军代行夏侯渊的职责，各营的恐慌才稍稍平复。翌日，刘备想要通过汉水进犯，曹军上下都认为魏蜀军队的力量相差悬殊，稳妥起见应在汉水布阵阻拦刘备。郭淮却认为此举无异于向刘备示弱投降，倒不如在距离汉水较远的地方布阵，诱使敌军渡河，并在其一半军力渡过时一举截杀，必可大胜。郭淮做好准备后，刘备心生疑虑不敢渡河，郭淮坚守不撤。曹操闻讯后夸赞郭淮有勇有谋，任命他为司马。

公元220年，郭淮奉命入京庆贺曹丕登基，但途中因病耽搁了数日，朝廷却只是依照路途的远近程度来估算他的来日。因此在君臣举杯庆贺的宴席间，曹丕责备他姗姗来迟的事情，还列举了大禹在涂山会见诸侯时，防风（"禹诛防风"）来迟被斩首的事例。郭淮面无惧色地告诉曹丕，他知道自己虽来迟了，却无性命之虞，因为他正处在如尧舜一般的盛世中。曹丕被郭淮的吹捧搞得晕头转向，心中大喜，甚至还提拔郭淮作了代理雍州刺史，加封射阳亭侯。郭淮也总算不负厚望，在平定安定郡羌族叛乱暴动中立下大功，还以怀柔政策赢取了羌族人民的信任。

公元228年，诸葛亮出祁山，郭淮痛击了镇守列柳城（今陕西凤县）的蜀汉将领高祥，另外还将陇西地区声名在外的羌族首领唐蹏（蹏，《三国志》却将唐蹏写作唐汜）攻破。

蜀国派兵征讨卤城时，陇西粮草缺乏，大家建议从关中调粮以解陇西之难，郭淮恩威并施，要求那些羌族人民摊派粮食，没有费过多周折就使魏军的粮草得到保障。之后，郭淮改任为扬武将军。

公元 234 年，诸葛亮又发兵征讨斜谷，在兰坑（今甘肃和县）屯田。当时，司马懿正在渭水南岸驻兵，郭淮料想诸葛亮定是要先夺北原（又名积石原，今陕西眉县），于是主张先行占领，但是诸将对此都持不置可否的态度。郭淮进一步分析道：一旦诸葛亮占领了北原，他一定会联合北山的兵力截取陇西的道路去侵扰百姓，如此恐怕对魏国不利。司马懿认为郭淮言之有理，便命他在北原先行屯兵。没过多久就验证了郭淮的话，蜀军果然来攻打北原，均被郭淮震退。蜀兵突然又向西进军，郭淮认为此举实为声东击西，其用意是东攻阳遂。当日蜀兵果然趁夜偷袭阳遂（今陕西眉县和扶风县渭河北岸），不过魏军早有准备，蜀军又空手而归。

公元 240 年，郭淮击退了姜维大军并以怀柔手段安抚氐（现为汉族）等少数民族。过了四年，夏侯玄出兵攻打蜀国，郭淮作为先锋带领部队出征。战中，郭淮准确估计出情势不利于魏军，之后果断下令撤军，也因此免去了魏军的一场重大伤亡。

公元 247 年，陇西等少数民族与蜀国结盟叛乱，夏侯霸领命在为翅（今甘肃岷县）地区驻兵平定骚乱，郭淮作为后备支援。战时，郭淮再一次体现出了过人的谋略，他断定姜维会先征伐夏侯霸，于是就领兵直奔为翅。姜维的计策果然被郭淮言中，由于郭淮赶来增援夏侯霸，使得姜维无功而返。后来，郭淮又大败廖化，受封为都乡侯。

公元 249 年，郭淮被任为征西将军，与雍州刺史陈泰共同逼迫蜀汉将领句安叛变。公元 255 年，郭淮离世，朝廷追封他为大将军，谥号为贞侯。郭淮一生融成一句"方策精详"，考虑周详精准，因此扬名关中。

局势分析

纵观郭淮生平，擅于用策，谋略过人，每每预料敌军，所虑无不全中，真无愧于他的"方策精详"称号。郭淮用兵，重视主动性，即在敌我交战中，要使自己居于主动地位，莫要被敌军牵着鼻子走，就不能在敌军部署战略后被迫想办法克制。要料敌制胜，猜想自己换成敌军处在这样的情况下应当做出什么判断。之后结合敌将统领的性格，做出自己的应对之策，因而才能屡战屡胜。

郭淮屡建战功，为曹魏的稳定和地域扩张做出了重大贡献，也因此深受曹魏皇帝的喜爱。

说点局外事

夏侯玄之名士风度

夏侯玄是三国时期曹魏著名的文学家、玄学家。三国时期，出现了一批玄学爱好者，史称"四聪八达"。夏侯玄被誉为"四聪"之一，另外"三聪"分别指的是诸葛诞、邓飏、田畴。

曹爽被杀之后，夏侯玄被剥夺了兵权。夏侯玄是颇具名家风度的性情中人。据说，有一次夏侯玄正倚着一根柱子写字的时候，突然一阵雷电将他身边的柱子破坏掉了，夏侯玄的衣服也因此被烧焦，身边的人都大惊失色，但是夏侯玄本人却神色不变，依然像平时那样写着字。

夏侯玄颇具个人魅力，因此受到了很多人的尊敬，这让司马师非常妒忌。后来，夏侯玄被抓，司马昭也为夏侯玄求情，这使得司马师更加厌恶他。

在文学方面，夏侯玄也是很有造诣的，与何晏、王弼等人同属"士派"

高平陵之变

公元 226 年，曹丕死，曹叡即位。按照曹丕生前的嘱托，曹魏由曹真、曹休、司马懿和陈群等人辅佐朝政。曹叡为了可以自由主持朝政，即位之初就将曹丕指定的朝廷重臣调离身边。司马懿接受调派去往南阳，而曹真则被调到了关中地区。

为了掌握实权，曹叡削弱了前朝老臣的权利和他们在朝廷中的势力。可以说，曹叡颇有政治头脑。但是，时局发展往往不像想象的那样顺利。曹叡即位第二年，即公元 227 年，蜀汉丞相诸葛亮开始北伐中原。后来，为了争取北伐胜利，诸葛亮还与吴国孙权联手征讨魏国。

面对吴国与蜀汉的联合进攻，曹叡首先启用了曹真，没想到曹真根本无法抵御敌军的攻势，魏军在前线屡战屡败。在这种形势下，曹叡不得已召回并重用了司马懿。司马懿到达关中地区之后，显示了其高人一等的军事才能，在与诸葛亮的对峙中有效阻挡了北伐军的步伐。司马懿在稳定抵御外侵，稳定曹魏时局的同时，不断扩张着自己的权势。很快，司马懿就拥有了直接影响魏国朝廷政权的能力。

公元239年，魏明帝曹叡离世，年仅8岁的养子曹方即位，曹爽、司马懿被授予辅政之权。与司马懿相比，曹爽年轻气盛，根本不把司马懿放在眼里。曹叡去世不久，曹爽就将司马懿表为太傅。太傅一职在当时是一个徒有其名却无实权的职位。这就导致司马懿虽然名为百官之首，却没有任何可以影响政权时局的能力。司马懿的权利被无形剥夺，但他隐忍不发。

曹爽自以为扳倒了位高权重的司马懿独揽了大权，可是他毕竟年轻狂妄，不知道司马懿城府颇深。司马懿一下子忍了曹爽十年，只为等待一举消灭曹爽势力的机会。

就在曹爽权倾朝野，肆意呼风唤雨的时候，司马懿却没有任何作为。

公元241年，东吴举兵进攻魏国，一路杀魏军无数。国难当头，司马懿请兵出战。曹爽听取下属的建议允许司马懿出兵。战场之上，司马懿显示出了非凡的实力，击退了东吴地进犯。曹爽原以为可以借司马懿战败之机彻底除掉他，却没有想到司马懿虽然年事已高但是宝刀不老，这让他一时间乱了方寸。

两年后，东吴诸葛恪再次率兵进犯魏国。一开始，曹爽因为吸取了上一次的教训没有允许司马懿出兵。但是人算不如天算，司马懿不出战，战争形势就呈现出一边倒的趋势。东吴在前线一路高奏胜利之歌，诸葛恪不断向魏国发出挑衅。形势如此危机，一时间曹爽也无计可施。这时，朝廷内部的大部分臣子都请求让老将司马懿再次领兵解除危难。虽说曹爽与司马懿素来不合，但是在国家存亡面前，曹爽还是选择了妥协。司马懿终于得到机会领兵再战。

司马懿不愧为一代豪杰，虽然年事已高，但是威风不减当年，一出马就改变了战争的局势，屡建奇功。最后，在他的统领下，魏国再次击退了东吴的侵犯。这一战，司马懿的威望得到迅速提升，甚至开始有人将其视为崇敬和仰慕的对象。

曹爽看到司马懿有东山再起的架势，自然心中不安。相对于人们对司马懿的敬仰，曹爽的集权已经让国内人产生了非议，很多人对他的统治心怀不满，更不用提诚心辅佐了。眼见司马懿的势力一天天崛起，为了挽回局面，曹爽决定讨伐蜀汉。

公元244年3月，曹爽派大军进攻蜀国。没想到，魏军出师不利，被蜀将王平等人打得落花流水。曹爽一意孤行，让魏国损兵折将、蒙受了巨大的损失，于是司马懿力劝曹爽撤军并说明利害关系，战事这才作罢。

曹爽没有在前线战死，却也成了朝廷大臣们眼中无能和自傲的代表，让人感到厌恶。虽然司马懿在实力上仍然与曹爽相距甚远，但是在声誉和气势上却已经完全压制住了傲慢的曹爽。性格的缺陷注定了曹爽在政治斗争上的失败。在这种对自己十分不利的政治环境中，幼稚的曹爽作风如旧，完全没有意识到危机的到来。他认为司马懿已经年老，即便眼下获取了一部分的支持，也不过是秋后的蚂蚱，没有几天日子了。相比来说，自己年轻精力旺盛，机会还有很多。

不过，曹爽还是担心司马懿哪一天再起势威胁其权利。

公元248年，曹爽让手下借辞行的名义去司马懿府上探听虚实。司马懿自然明白曹爽的用意，于是故意披散着头发坐在床上装病。在与曹爽的下属李胜说话时，司马懿装聋装傻，回答得语无伦次。之后，司马懿吩咐下人喂他喝汤，又假装失去了自理能力，无法将汤汁顺利饮入口中。司马懿对李胜说，自己已经老了，而且并入膏肓危在旦夕，国家大事只能交给年轻人了。

李胜生性老实，看到眼前这位老臣的样子心中十分难过，压根没想到这是司马懿为了迷惑他而演的戏。离开司马懿的住处，李胜将看到的情况如实告诉了曹爽，并且显得十分悲伤。曹爽心机不重，他看到李胜的表现就真的以为司马懿确实已经病入膏肓，无法再对他构成任何威胁了。从此，曹爽解除了对司马懿的防备。殊不知，最后自己竟还是被这位朝中老臣所灭。

公元249年正月的一天，曹爽陪同皇帝曹方前往高平陵祭拜先帝。看到曹爽安排所有兄弟随行，却不带太多王公大臣，曹爽帐下的谋士桓范感到十分忧虑。他建议曹爽至少留一个兄弟在城中以防有人图谋不轨。目中无人的曹爽丝毫听不进下属的劝诫，带着全部兄弟陪同曹方出发了。

司马懿怎么可能放过这样一个绝无仅有的好机会？等到曹爽一行人离开王城，司马懿就开始发动政变。他命人封闭王城，攻占王宫和武库，并劫持扣押了曹氏宗族。之后上书郭太后弹劾曹爽的罪行，并亲自带人切断曹爽了等人的归路。

曹爽手下有一些有能力的谋臣，一发现司马懿政变就及时做出了反应。特别是桓范，在被司马懿扣押之前迅速跑出了洛阳城，直奔曹爽处。曹爽接到司马懿上书弹劾的奏章和政变的消息后，震惊地差点从马上掉下来。病弱的司马懿怎么可能突然篡夺政权？曹爽十分不解。情况紧急，来不及仔细考虑事情的来龙去脉了。曹爽与身边谋士开始计划下一步的行动。桓范在分析了当下局势之后，建议曹爽挟持幼帝曹方回到许昌，之后召集各地的军队共同声讨司马懿叛党，以求长远发展。

正当曹爽犹豫不决之时，司马懿派人前来劝降，告诉曹爽只要他肯自愿交出手中的兵权，司马懿就不会杀他，而且还能保证他们兄弟的荣华富贵。曹爽是个贪图享乐的人，思前想后，决定无视桓范的劝谏投降司马懿。

局势分析

曹爽的傲慢为他建造了坟墓。高平陵之变，司马懿获得完全的胜利。曹爽投降之后，共有七家被斩首，诛灭三族，被牵连者高达5000多人，由此曹氏宗亲的势力持续衰落。这次政变之后，魏国的政权开始转移到司马家族手中，曹魏皇帝就如同当初的汉献帝，成为被人挟持的傀儡。司马懿发动的高平陵之变，为司马炎篡魏建立西晋打下了基础。

说点局外事

夷三族

夷三族是一种中国古代的刑罚，出现于秦、汉时代，只有犯了犯上谋逆等大罪的人才会遭受夷三族的刑罚。灭族制度体现了中国古代开始就存在的一种家族观念。

关于"三族"，历史上有不同的说法：一种说法以父、母、妻为三族，一种说三族指的父母、兄弟、妻子，还有人说父、子、孙为三族。

诛九族也是中国古代的一种刑罚，来源于秦朝变法之后的夷三族。一开始，九族还是有明确定义的，但是随着时代的发展变迁，原本九族中"亲属"的含义已经模糊，逐渐变成了"所有有关的人"。

诛十族的说法在中国历史上只出现过一次，即明成祖朱棣处死方孝孺。当时，方孝孺声望极高，但不服朱棣统治。朱棣警告方孝孺诛其九族，方孝孺扬言道即使是诛十族也不怕。最后，朱棣真的将方孝孺的朋友学生等人一并处死了。

吴二宫之争

约在公元242年到公元250年几年间，东吴发生了一起对国家发展影响深远的宫廷内乱——二宫之争，即吴易太子之祸。当时孙权虽然在位，但是已经年老。

后世多认为，年轻时的孙权堪称一代枭雄，曹操对他也是十分赞赏，在与东吴的对战中留下了"生子当如孙仲谋"的名言。但是，步入老年的孙权却日渐昏晕，不辨是非，导致孙霸萌生谋反之心。

随着太子孙和与鲁王孙霸之间的矛盾越来越尖锐，朝廷内乱，党羽矛盾也逐渐凸显，太子之争已经严重危及东吴的国家安全。值得注意的是，在这次内乱中争斗不休的太子孙和与鲁王孙霸最终落得两败俱伤的结果：孙和遭到废黜，孙霸被赐死，吴王孙权将太子之位传给了小儿子孙亮。

公元241年，孙权的长子即原本的太子孙登离世。孙登的亲生母亲身份不详，从某个方面来说，孙登早死避免了历史上可能出现的另一场宫廷政变。

孙登死后，太子的位子出现空缺。之后，孙权又立三儿子孙和为太子，四儿子孙霸则被封为鲁王。尊卑上位确定之后，孙权本该区别对待即将成为皇帝的孙和与亲王孙霸，可是头脑发昏的孙权却让二人享有同等的待遇。孙霸和诸位大臣见此情景，以为孙权对待太子之事另有打算，于是逐渐分为太子党和鲁王党两派，为孙权的身后事做着准备。大臣们泾渭分明，争斗不断。孙权虽然察觉到党羽之争心怀不悦，但是一直忍而未发。

朝中丞相陆逊、大将军诸葛恪等人支持太子孙和，镇南将军吕岱、大司马全琮等人则归属孙霸一派。孙和虽然名为太子，但是也没有得到压倒性的支持。

孙霸的政治意图日益显现，太子党人坐不住了。太常顾谭多次上书，希望孙权可以向世人表明嫡庶关系，明确太子孙和的立场。这样才能让鲁王孙霸断了争位的念想。太子太傅吾粲在请求孙权在表明孙和地位的同时将孙霸及其亲近者远调他处，以平息争斗。

但是之后，向孙权进言的太子党人纷纷遭遇不测。顾谭因被陷害而招致流放；吾粲在鲁王孙霸的污蔑下被抓入狱，之后死在了狱中；陆逊因与吾粲关系密切屡遭孙权指责，最终忧愤而死。

公元 250 年，朱据、屈晃等人带领不少将臣请求孙权释放被软禁的太子，虽然言语诚恳，感情真挚，却还是招致了孙权的不满。孙权下令惩治、贬谪甚至斩杀了不少太子党人。臣子骚动，被软禁的太子孙和也难逃一劫。过了不久，孙和就被孙权下放到了故鄣（今浙江安吉）县。

二宫之争即是鲁王孙霸想要窃取孙和的太子之位。与孙和相比，孙霸显然更加具有野心和政治头脑，而且心狠手辣。孙权对孙霸倍加爱护，这让孙霸产生了谋逆夺储的想法。适时，孙权因为全公主孙鲁班的中伤对孙和母子心怀不满，致使孙和生母抑郁而终，孙和渐渐失宠。孙霸见状，夺位之心更甚。

政治斗争，不是你死就是我活。鲁王孙霸为了彻底搞垮太子孙和，用尽各种方法诬陷中伤太子及其党羽，迷惑孙权。这时候的孙权则是非不明，深受孙霸等人的蛊惑，竟然做出软禁太子的决定。再加上全公主一党在孙权面前说尽太子坏话，孙和再也无力翻盘。鲁王孙霸则离目标达成之日越来越近。

公元250年，太子孙和被废。但是鲁王并没有拿到梦寐以求的太子之位，而是流放孙和的同时赐死了孙霸，改立幼子孙亮为太子。至此，持续多年的二宫之争落下了帷幕。

很多人无法理解孙权在统治后期的行为。按照常理来说，太子党羽被消耗殆尽，那么孙权在废黜了太子孙和之后，就应该改立鲁王孙霸为新太子，扶植新的势力支撑国家。但是不知什么原因，孙权竟然下令在废黜太子的同时赐死孙霸，并且诛杀其党羽，最后改立刚刚8岁的孙亮为太子，实乃亡国之道。

局势分析

吴国的二宫之争是历史上一场十分经典的政治斗争。为了争夺太子之位，兄弟反目成仇，父子之间相互猜忌，朝廷内部党争激烈，大量勇将重臣死在了毫无意义的内乱之中，人才尽失，政局也自然而然地因为朝廷内部的分裂产生了变化。

另外，在这次内乱中，有一股势力不得不引起人们的关注——全公主一党。从宫廷争斗的视角来看，可以说，全公主孙鲁班是一位十分关键的人物。

全公主身边聚集了不少野心家，经常在朝野中兴风作浪。二宫之争中，全公主在孙权身边煽风点火、搬弄是非，成了孙权惩办太子孙和的一大助力。孙权死后，幼子孙亮即位。全公主一党趁机掌握了国家大权。

二宫之争之后，国内国外的政治局势每况愈下。面对他国的进犯，吴国也再无斗志。太子与鲁王的斗争大大消耗了吴国的国力，为吴国播下了亡国的种子。孙权一时糊涂，竟酿成了如此严重的后果。

说点局外事

曹不兴

曹不兴，有着"佛画之祖"的美誉，是三国时期的著名画家，吴中"八绝"之一。

曹不兴是中国绘画史上的关键人物之一，但是却并没有画作流传于世，甚至连相关的理论著作也无法找到。不过，另一位著名的画家卫协师承于他。

曹不兴曾经在孙权手下做事，但是并不是御用画师。他的画工惊人，写实能力极强，对后世产生了十分深远的影响。另外，他将传统的绘画进行了一系列的改造，从而改变了当时社会的审美风气。

曹不兴的绘画技艺已经达到了炉火纯青的地步，尤其是他笔下的龙，漫步云端栩栩如生。传说，宋文帝时期，有一年由于干旱少雨而土地干裂，庄稼根本无法存活。这时有人把曹不兴画的龙放在了水边，过了一会儿就下起了大雨。

第二篇　变换的二重奏——两晋、南北朝

两晋时代，不论是国家内部还是南北双方都处于十分混乱的状态，政权存在期间，各种叛乱不断。虽然西晋和东晋两个朝代面临的内忧外患性质相距甚远，但是为社会及百姓带来的是同样的动荡不安。

第一章　西晋杂音不断

从曹丕代汉开始，只经历的短短的三代国家权利便尽数归入司马家族手中。由于并非正统政权，司马家族的统治从一开始就深深打上了叛乱的烙印，贾南风一介女流，就搅得整个国家鸡飞狗跳，持续不断的内乱最终招致了西晋国家的灭亡。

司马氏父子篡位曹魏

司马懿一直是曹魏重臣，为司马氏家族的崛起奠定了基础，其子司马昭早有称帝之心，历史上也有"司马昭之心，路人皆知"的说法。可是司马昭时运不济，还未等坐上皇帝的宝座就一命呜呼了。可以说，司马昭的称帝之心，源于司马懿在位时期。

司马懿出身于一个官僚地主世家。历史上拥有司马懿一般雄才大略的人屈指可数。

公元208年，曹操出任丞相，司马懿的哥哥担任主簿，在曹操帐下做事。曹操听说司马懿聪明绝顶，英勇异常，雄才大略，便想要召司马懿入丞相府。

熟料司马懿不愿辅佐曹操，便谎称身体有疾。没想到，曹操因此而大发雷霆。司马懿畏惧曹操的权势，只得应召入丞相府。

司马懿在曹操手下做了很久丞相主簿。过了十年，司马懿开始辅助曹丕，之后再次辅助曹操处理国家大事。司马懿在多年的政治生活中显示出了其过人的才能。

公元 219 年，曹操听取司马懿的建议归还了部分东吴的属地，与孙权暂时结成了同盟关系。这次结盟的效果显著，在对战中孙权逼得关羽失荆州败走麦城。

不久之后，曹操去世，朝野上下人心惶惶。这时，司马懿站出来主持了曹操的丧事，并把事情处理得井井有条。曹丕称帝后，司马懿的地位稳步上升，逐渐开始参与军政大事的决策，官至抚军大将军、录尚书事。

公元 226 年，曹丕去世，司马懿受命辅佐其子主持朝政。曹丕的儿子曹叡虽然注意集权，但是在他的统治下，人民怨声载道，官员离心。司马懿见状开始收拢人心，为司马氏建立威信。

司马懿主持与西蜀的战争，抗击诸葛亮，并且平定了公孙渊等人的反叛，一跃成为举足轻重的大人物，随之也确立他在朝中不可撼动的地位。魏明帝曹叡性命垂危之际，将其子托付给司马懿和曹爽之后，病故。

曹爽虽然很有权势，但却是个自负无能之辈。高平陵政变中，司马懿轻松除掉了曹爽集团，独揽国家大权。

公元 251 年，太尉王凌发动叛变，企图推翻司马懿，而司马懿在成功讨伐王凌之后不久便去世了。可以说，司马懿为魏做出了杰出的贡献，虽然他并没有完全取代曹魏，但是却让司马氏最终掌管国家大权成为了历史必然。

大多数人对司马懿和司马昭的生平事迹谙熟于胸，却不太了解司马懿的长子司马师。确实，司马师没有成就像父亲司马懿和弟弟司马昭那样惊天动地的伟业，其光辉在历史上稍显暗淡。但实际上，司马师也是一位拥有超人政治和军事才能的人。

司马懿离世后，司马师接替司马懿之位，继任大将军、录尚书事，成为朝中执掌实权的权臣。与司马懿相比，司马师更加注重笼络一些曹魏老臣，并巩固现有的制度以保持政权安定。司马师认为，眼下应该遵守前朝的章法制度，如果没有任何军事方面的行动，不应该妄加评议、改革，以免动摇朝廷根基。

司马师相对保守的做法并不代表他毫无政治上的野心和才能。司马师在位期间，对内竭力巩固自己的地位，消灭叛乱者，排除异己；对外则提高了魏国的军事地位。

公元253年，司马师率领魏军打败吴军诸葛恪的围攻。公元254年开始，司马师联合弟弟司马昭铲平了夏侯玄等人的反叛势力，废黜了皇帝曹芳而改立曹髦为新帝。司马师巩固了司马氏在朝中的统治地位，为司马氏代魏铺就了另一段坦途。

司马师病故后，由他的弟弟司马昭接替了大将军的位子。有了司马懿和司马师打下的根基，司马氏在魏的地位已经十分稳固，再加上司马昭狼子野心，很快，独揽大权已经不能使他满足，而黄袍加身成了他的下一个目标。

司马昭的篡位之心十分明显。为了顺利登基，司马昭严密监视朝中大臣的动向。一旦其他势力崛起或者有人反对司马氏专权，司马昭便毫不留情地将其消灭。当司马昭发现诸葛诞到处收买人心的时候，就派心腹去刺探诸葛诞的想法。结果，诸葛诞对于政权转移的说法十分不满。

司马昭确定了诸葛诞心怀异心。为了出师有名，司马昭决定先提携诸葛诞促使其发动叛乱，等他到达京城后再铲除他。诸葛诞也不是傻子，他一得到召他进京的消息便疑心身边有人告密。他误杀了乐琳，之后联合东吴发动叛乱。预料之中诸葛诞的反叛，给了司马昭派兵镇压的理由。在对峙中，司马昭的军事才能得到充分的显现，诸葛诞一党的气焰被彻底打压下去。诸葛诞被杀，株连三族。

司马昭铲除了诸葛诞乱党之后，被加官晋爵，独揽了军政大权，曹皇帝则是有名无实。曹髦心有不甘，深知坐以待毙的下场，手中没有实权的曹髦还是决定拼死一搏。

公元260年，曹髦率领为数不多的亲信讨伐司马昭。尚书王经竭力劝阻，曹髦不听，决意与司马昭来个鱼死网破。司马氏势力庞大，曹髦既无兵权又无声望，朝中大臣们深知曹髦的举动纯属意气用事、自不量力，根本不想跟随他去司马昭处送死。可怜曹髦虽身为皇帝却孤立无援，只得带着宫中的太监仆人杀向司马昭。一行人到达东门时遇到了司马昭的弟弟司马伷，曹髦颇有血性的行动吓得司马伷带兵撤退了。

曹魏皇帝等人一路前进到达皇宫南阙下，军士们碍于曹髦的地位不敢上前。司马昭的亲信贾充却暗示军士们杀掉曹髦。于是，年仅20岁的曹髦被太子舍人成济刺死。司马昭听说曹髦身亡的消息假装震惊悲痛地瘫软在地，说道："现在天下人都会把我当成弑君的恶人了。"

公元264年，司马昭自称晋王，虽无皇帝之名却可以使用皇帝的权力。就在司马昭距离坐上龙椅还差一步的时候，突然撒手人寰。最终，司马昭没有真正实现他的皇帝梦。

然而，经过司马家族三代的苦心经营，司马氏取代曹魏已经成为板上钉钉的事了。司马昭去世之后3个月，魏末帝曹奂就将皇位以禅让的名义交给了司马昭的儿子司马炎。司马炎建立晋朝，史称晋武帝，建年号为泰始。至此，司马家族正式夺取了曹魏的政权。

局势分析

司马氏篡夺曹魏政权，标志着中国历史上三国时代正式结束，并进入两晋时代。纵观历史，从司马懿灭曹爽到司马炎称帝，短短17年的时间。这段时期中，司马氏家族相继执掌朝廷大权，使得统治阶层内部没有发生足以导致分裂的叛乱。

自曹魏建立以来，民心并不安稳。曹操虽然功绩卓越，但却被世人戏称为"曹贼"。可见，世人虽然佩服曹操的谋略却不齿曹操的德行。曹操死后，后世曹丕等人统治不利：对内不断增加各种徭役和苛捐杂税，人民生活困苦怨声载道；对外则是战事不断，消耗国力。

人们过不上安定的生活，自然民心不稳。在这种情况下司马氏家族体现出对百姓的关心，很容易收拢人心，扩张势力。另外，司马懿父子具有政治头脑且能征善战，在注意缓和统治阶级内部矛盾的同时屡建奇功，赢得了朝中群臣的尊敬和其他国家的敬畏。司马氏的地位如此稳固，以至于魏帝曹髦之死竟没有引起太大骚动。

综上所述，司马氏代魏可谓水到渠成，也是历史发展的必然。

说点局外事

空城计

空城计是《三十六计》中的第三十一计。《三国演义》中有一段著名的空城计，讲述了诸葛亮在内防空虚的情况下逼退司马懿大军的故事。实际上，《三国演义》中的这一段是作者根据"郭冲三事"的故事改编的。

马谡失街亭后，西蜀大军完全暴露在敌人的视线之内，于是司马懿率领大军直奔诸葛亮所在的城池。这时候的诸葛亮手中并没有可派迎敌之兵，于是他决定走一步险棋——唱一出空城计。诸葛亮深知司马懿生性多疑，突然间打开城门请他入城反而会让他心生疑虑。最后，司马懿果然因为害怕中埋伏而退兵。因此，蜀军躲过了全军覆灭的危险。

实际上，空城计就是一种心理战。在敌众我寡的情况下，己方故意向敌人示弱，让敌人虚实不分最后主动离去。使用空城计的前提是了解敌军将领的心理以及性格特征，不然就有很大的失败概率。早在春秋战国时期，中国就有成功运用空城计的例子了。公元前666年，楚国大将军尹子元率强兵攻打郑国，千钧一发之际，郑文公采纳叔詹"县门不发"——大开城门，放下吊桥，摆出完全无防备之势。直至郑国等到鲁、宋联军前来救援郑国，迫使楚军退兵。

西晋灭吴

公元263年，蜀国被魏国所灭，维持了几十年的三国鼎立的局面被打破。而自司马懿执政，曹魏的大权就开始落入司马氏的手中。公元265年12月，司马炎称帝，废魏为晋，吴、晋两家对峙的局面形成。依照当时的版图可知晋国已经占据了全国的大部分地区，而吴国却只控制着荆、扬、交三州。两家接壤地域绵延几千里，大、小争斗与冲突不断。

孙权晚年时期，性格大变，一点也看不出曾经叱咤江东的英雄样子。面对孙权的多疑和猜忌，吴国的大臣人人自危。孙权的暴政体现在了政治军事等各个方面。比如，为了防止武将叛逃，孙权会将所有将领的家人扣押为人质。一旦出征的将士出逃，不仅仅妻子儿女的性命不保，连带三族都要被杀掉。

孙权还豢养了一批人专门造谣生事、监视朝中官员甚至滥杀无辜。但是孙权执意如此，众臣子可谓敢怒而不敢言。后来，陆逊冒死上书要求孙权整顿朝纲，孙权无奈之下杀了生性残暴的吕壹，但是却没有废除相关的制度。

孙权的昏庸不仅让文臣武将们每天惶惶不可终日，更使得民不聊生，百姓因为无法忍受孙权的繁重赋役而纷纷奋起反抗。民心离散，但孙权依然如故，一面继续大量征收赋税，一面派兵镇压暴乱。所有这些，都导致吴国的社会矛盾日益尖锐。三国时期，东吴是农民起义最多的一个国家。

此外，吴国统治阶层内部局势也因为二宫之争而变得一片混乱。最后孙和、孙霸两败俱伤，孙权幼子孙亮即位。孙亮年纪太小根本没有办法主持朝政，不得不由诸葛恪和孙峻辅政。孙权死后，吴国与魏国交战日益频繁，东吴国内空虚。况且善战的诸葛恪与孙峻不和，最后被孙峻杀害。

公元 258 年，孙休代替被废黜的孙亮成为东吴新帝。相对来说，孙休注意减轻百姓的负担，但是却不会用人。孙休在位期间，吴国的形式并未得到真正意义上的好转。

司马氏早有吞并东吴的打算。早在公元 262 年，司马昭就提出了先定西蜀，再并东吴的大战略。司马炎称帝之后为了讨伐东吴做了充足的准备。西晋拥有 50 万陆军，但是东吴水军强大，于是司马炎重点发展晋国的水师。经过一段时间的扩展，西晋水军实力大大增强。

公元 264 年，孙休病故，孙皓即位。孙皓本性残暴，贪图享乐。只不过，孙皓在即位之初为了安抚民心还是做了一些促进百姓生计的事。没过多久，孙皓本性显露，残暴的统治令人民更是苦不堪言，臣子们也终日是不得安眠，孙吴政权已到了摇摇欲坠边缘。

公元 272 年，东吴建平（今湖北宜昌）太守沿江流发现大量造船所用的碎木，发觉西晋想要攻打吴国的计划，就上书请求朝廷支援守卫。公元 274 年，又有臣子上书孙皓加强建平等地的防卫。孙皓毫无政治头脑，以为西晋弱小，

东吴凭借天险自可破敌。

公元 276 年，西晋经过休整基本做好了讨伐东吴的军事准备，眼看时机成熟，突然西北传来战事：鲜卑族反晋。虽然司马炎赞同灭吴的战略设想，但是碍于后方不稳朝中大臣有人反对，讨伐吴国的战争被延后。

公元 278 年 11 月，西晋终于起兵伐吴，司马炎任命杜预为征南大将军，并采用之前制定好的方针消灭吴国：东吴军队部署的缺陷是西面防守力量薄弱，所以晋军只要先全力夺取夏口以西地区，便可以顺着长江直取吴国首都。

吴国群臣对西晋的进犯感到了深深的忧虑，劝诫孙皓进行政治和军事改革。东吴当时有兵 20 万，仍然具备一定的军事实力，于是西晋分兵 6 路讨伐东吴，以求迅速灭亡东吴。

公元 279 年 12 月，一支晋军进驻军事要地秭归（今湖北秭归）地区，之后顺流向东进发。公元 280 年，杜预进军江陵，又遣各部将领按照计划部署兵力，攻打东吴边防守卫军等。

公元 280 年 2 月，西晋唐彬一部在西陵峡遭遇吴军拦江铁锁铁锥的拦截，由于晋军提前抓住了吴国派来的间谍很快便扫除了江面上下的障碍。西晋大军一路不断取胜，势不可当。之后，杜预占领了江陵（今湖北荆州），守卫江陵的吴军大将孙歆被擒。听闻江陵陷落，附近的州县纷纷表示归降晋军。

讨伐东吴的大军各部进展顺利，司马炎十分满意并且调整了战略部署。按照司马炎的指挥，各路晋军迅速结束了长江上游的对战，开始进入长江中下游地区。

3 月，晋军到达军事重地——牛渚（今安徽马鞍山）。孙皓派兵阻截晋军，没想到吴国军心已散，毫无对战之意。兵士见到晋军攻来，纷纷逃窜或归降。公元 280 年 3 月 15 日，西晋大军挺进吴首都建业，孙皓投降。至此，吴国灭亡。

局势分析

西晋在与吴国交战之前就做了充分的准备。司马炎知人善任，进行了正确的部署和指挥，因而晋军面对擅长水上作战的东吴水师，屡战屡胜。在那时，长江天险是一个难以逾越的屏障。司马炎没有走曹操失利于赤壁的老路，而是凭借一支崛起的水军和巧妙的策略彻底消灭了吴国。

对比之下，吴、晋开战之前，吴国内部混乱不堪，原本就乱象丛生的东吴内部，各个阶层的矛盾因为孙氏家族的残暴统治更加激化，军事实力也不断衰弱。后主孙皓在得知晋国即将伐吴的消息之后毫无作为，既不进行政治改革也不考虑抵御外侵的策略、着手增强军力，而是继续剥削人民、压迫臣子，每天只顾享乐。因此，可以说西晋的进犯只是吴国灭亡的外在因素，其政治的无能和尖锐的社会矛盾等内因才是亡国的最主要内因。

说点局外事

牛渚

很多人并不了解牛渚这一地区的情况。牛渚位于安徽的马鞍山，是南京上游的咽喉要道，形势险要。中国历史上南北相争的时候，曾多次涉及这一地区，也是兵家必争之地之一，东晋的征西将军谢尚曾经在此地驻兵。唐代著名诗人李白曾经的诗作《夜泊牛渚怀古》讲的就是谢尚的故事。

夜泊牛渚怀古

李白

牛渚西江夜，青天无片云。

登舟望秋月，空忆谢将军。

余亦能高咏，斯人不可闻。

明朝挂帆席，枫叶落纷纷。

贾南风之乱

公元 290 年，西晋司马炎病故，历史上有名的白痴皇帝司马衷登上皇位，皇后是贾南风。贾南风权力欲极重，由其发起的宫廷政变在历史上被称为"贾南风之乱"。贾南风之乱称为西晋八王之乱的导火索。

贾南风一介女流，不仅长相丑陋而且野心极强，一直都想要染指朝政。当时太后的父亲，即太傅杨骏掌握着军政大权。司马衷即位之后，杨骏将汝南王司马亮赶走，自己住进了太极殿。他深知皇后贾南风并非善类，如不谨慎必然深受其害，于是派人严密坚守，一旦大臣们有奏章或者皇帝安排朝政事务，都是由杨骏亲自审阅批复并转交给杨太后，不让贾南风有机可趁。白痴皇帝司马衷则成为杨氏和贾氏进行全力争斗的工具。

皇后贾南风看到杨氏操控着朝中大权，心中又气又恨。此时，西晋群臣对太傅杨骏的一党专权十分不满，贾南风打算利用朝廷中的不满情绪，煽动大臣发动政变，推翻杨氏一族的专权统治。贾南风控制住了白痴皇帝司马衷，联系与杨骏素有过节的司马亮和司马衷的兄弟楚王司马玮。汝南王司马亮是司马懿的儿子，城府颇深。他虽然不满杨骏的行为，但是却不想成为出头鸟。不过，楚王司马玮却是个单纯暴躁的人，他一听说可以帮助朝廷消灭奸臣整顿朝纲，想也不想便接受了贾南风的提议。

楚王司马玮与贾南风约定联合势力，以晋惠帝司马衷的名义除掉杨骏，随即带兵向京城进发。时值深夜，楚王司马玮的手下司马繇领命带着几百人冲进了杨府，杨骏被杀死，杨太后被废并软禁在金墉城（今河南孟津）中，杨骏一党三族均被牵连致死。

杨太后下场十分悲惨，在被幽禁在金墉城中前期，身边有10几名侍女侍奉。后来，贾南风将这些侍女召回，让杨太后在城中自生自灭。可怜杨太后，最后无水无米饿死在了金墉（汉、魏洛阳城）城中。

贾南风亲手除掉了杨骏甚是欢喜，但是朝廷中仍然有卫瓘、司马亮、司马玮等人把持朝政。汝南王虽然没有参加铲除杨骏的行动，但是在杨骏死后其专权程度与杨骏相比是有过之而无不及。贾南风十分恼怒，便产生了一同消灭朝中三位巨头的疯狂想法。

贾南风看出司马玮对卫瓘和司马亮集权的不满，于是趁机诬陷这二人有不臣之心，并要挟司马衷写下平叛诏书送往楚王处。司马玮接到皇帝的诏书之后很快派兵攻入司马亮和卫瓘的住处，二人还没弄清楚是怎么一回事就被灭口，家族中除了司马秉尚、卫璪和卫玠之外所有人都被处死。

假叛乱事件之后，司马玮的谋臣建议他趁着消灭了汝南王和老臣卫瓘的势头，一并消灭掉贾南风。平日鲁莽蛮干的司马玮这时候却表现得优柔寡断，贾南风逃过一劫。但是贾南风却并不打算放过楚王司马玮。

司马玮一下子派兵杀了两位党政大臣，动摇国家根基，这让朝野上下十分震惊。朝中大臣上书司马衷，要求皇帝立即解除楚王的兵权，抓捕司马玮。除掉了卫瓘、司马亮两大势力的贾南风正打算对司马玮下手，这一封奏表帮了她大忙。贾南风蛊惑司马衷，称楚王司马玮拥兵自重，祸乱朝纲，人人得以诛之。司马衷哪里懂得朝政之事？迷迷糊糊地就按照贾南风的意思下了诏书。

面对皇帝的诏书，司马玮一脸迷茫震惊的表情。他想不通奉诏讨贼却落得矫诏枉杀之罪的原因。司马衷的诏书中明确表示只捉拿楚王司马玮一人，于是司马玮的下属纷纷四散离去。司马玮临死之前大哭喊冤，无奈已经无人可以救他了。

贾南风在短短的时间内将三名有权有势的权臣都送上了断头台，随后，西晋朝中无人再有能力与之抗衡了，众臣对她都是敢怒而不敢言。自此，贾南风的权力欲急剧膨胀，开始大肆招贤纳士，扶植亲信党羽，培养贾氏势力，迅速成为在朝中呼风唤雨的人。

铲除了大批对抗势力的贾南风在朝前十分得意，但随着太子司马通的渐渐长大，她又陷入了疯狂的妒忌之中。贾南风生有四子，却没有一位皇子。谢妃原是司马炎宫中的才人，后为司马衷生下太子司马通。司马通幼年十分聪明，深得司马炎宠爱。司马炎死后，司马通依其意愿坐上了太子宝座。贾南风生怕司马衷死后让司马通即位，母随子贵，到那时权柄位移，谢氏必将代替自己的位子。

随着司马通长大成人，贾南风的嫉妒心越来越强，最后终于决定趁司马通羽翼未满时组织一场政变废除太子，以永绝心头之患。公元299年，贾南风将司马通诓骗入宫，诱使酒醉的太子写下了一封让皇帝皇后自杀，之后自己和谢妃独揽朝政的祷告书。贾南风将谢妃送到司马衷眼前，司马衷看过之后勃然大怒，差点就听了贾南风的怂恿赐死太子司马通。大臣们极力恳求这才保住了太子的性命。之后司马衷将司马通贬谪为庶人，并且软禁在许昌。

贾南风连续的疯狂举动招致了全朝上下的强烈不满，众臣愤怒不已，再也无法容忍贾氏的猖狂行径。司马伦（司马懿的第九个儿子）决定起兵消灭贾氏一族，阻止其继续作威作福。但是由于平日与贾氏一党关系密切，司马伦一时之间不知如何下手。司马伦手下的谋士孙秀建议他放出有人要拥立太子的消息，让贾南风不得不想办法谋害太子，之后再除掉贾氏一族。

司马伦听取了孙秀的建议，派人四处散布拥立太子的假消息。这一计果然奏效，贾南风闻风而动，派人毒害了太子司马通。

公元300年，4月，司马伦等人攻入皇宫诛杀了贾氏一党，将贾南风囚禁于金墉城。过了不久，贾南风就被人毒死了。贾南风之乱平息后，司马伦登上皇位，但是西晋的乱象已经形成，并且一发不可收拾。

局势分析

贾南风无才无德，却成了能够将皇帝和朝纲玩弄于股掌之间的女性。后来历史上也有太后垂帘听政和武则天称帝的情况，但是没有一位女性能够如此在朝廷上大放厥词、肆无忌惮。

然而，贾南风的专制是彻头彻尾的暴政，不顾大局的乱政，其作为只是为了满足其贪得无厌的权力与欲望。贾南风一生的政治活动，充分体现了她贪婪成性、心胸狭隘、嫉妒心强的丑恶本性。贾南风统治期间，西晋王朝内部腐坏不堪，政局混乱。贾南风还是随后的"八王之乱"的始作俑者之一，遭到了世人的唾弃。

说点局外事

白痴皇帝司马衷

关于晋惠帝司马衷，有两则小故事可以充分说明他的愚蠢。

有一年，司马衷在众人的陪同下游玩华林园。他听到池塘中的蛤蟆不停乱叫，就想起来之前大臣们经常讨论的"公"与"私"的问题，于是司马衷就问身边的随从："池塘中的蛤蟆叫是为公还是为私呢？"侍从们认为皇帝的问题愚蠢之极，但是又无人敢直言，只要敷衍着告诉司马衷在官地的蛤蟆为公而鸣，在私地则为私而鸣。

还有一年，地方官员上奏朝廷说西晋的几个地区发生灾荒，百姓食不果腹，甚至一些地方横尸遍野，希望朝廷能够开仓放粮赈济灾民。司马衷一听，露出了难以置信的表情，问道："人们没有粮食为什么不吃肉粥呢？"当时民间流传着这样一句话："宫中大马几作驴"，说的就是司马衷已经愚蠢如同驴子，任由朝中的权臣驱使。

八王之乱

历史上著名的"八王之乱"并不是一个事件，而是从贾南风之乱开始的。"八王之乱"的八王分别是：汝南王司马亮、楚王司马玮、赵王司马伦、齐王司马冏、长沙王司马乂、成都王司马颖、河间王司马颙、东海王司马越。

西晋司马炎统治末期，晋武帝荒淫无度，西晋已经出现政局不稳的征兆。公元290年，司马炎病死，司马衷即位。司马衷在位期间，皇后贾南风一党大权独揽，肆意干政。贾南风设计迫害朝中重臣杨骏、司马亮、卫瓘、司马玮等人，甚至密谋毒害太子。

公元300年，司马伦借着为太子司马遹报仇为名除掉了贾南风一党，随即自封为皇帝。赵王司马伦的篡权引起了朝中旧臣和王室族人的不满。西晋的政治冲突再次演变为皇权斗争。公元301年，齐王司马冏联合成都王司马颖和河间王司马颙共同声讨赵王司马伦的所谓"逆乱"。四股力量在洛阳附近相遇，旋即展开激烈的战斗。交战期间，司马伦的部下叛变，司马伦被俘。持续了2个多月的激战消耗了双方十万兵力，以"三王"的胜利告终。司马伦父子及其党羽被杀，司马衷再次成为西晋名义上的皇帝。

司马伦被杀之后，西晋由司马冏辅政。令众人失望的是，得到权利的齐王司马冏仍然没有建设国家的意思。执政期间，司马冏不断集权揽权。辅政一年多，司马冏致力于在朝中树立党羽扩大势力，并且沉湎于酒色之中。这使得众臣和诸位王侯普遍心怀不满，特别是手中握有重兵的诸王，因而他们抢夺皇位之心更盛。

公元302年，河间王司马颙率兵攻打洛阳，司马衷的第六子长沙王司马乂即刻在城中响应河间王讨伐司马冏。司马乂带兵攻打司马冏的住所，三天之后，司马囧以及党羽均被诛杀，人数高达两千余人。交战之后，司马乂开始掌握朝中大权。

河间王司马颙在起兵杀到洛阳的时候，发现司马囧与司马乂已经交战，于是立刻改变了策略，停止继续进攻而围观二人厮杀。司马颙认为兵少将弱的长沙王司马乂必定落败，到那时自己便可以借着为司马乂报仇之名杀掉司马囧，一举独揽国家大权。但是，司马颙的如意算盘落空了，司马乂部获得了胜利，他失去了控制朝廷的最好时机。司马乂掌权之后，司马颙多次派人暗杀司马乂未果。

没过多久，控制了朝政的长沙王司马乂与亲兄弟成都王司马颖产生了分歧。于是司马颖联合一直想要杀掉长沙王司马乂的河间王司马颙，起兵攻打洛阳城。面对二十几万大军，司马乂心中忐忑不安，便搬出皇帝司马衷，美其名曰"御驾亲征"。

对战中，司马颖的军队节节败退。在军事实力上占有优势的成都王军不断战败主要是由军中将领不合所致。成都王军的大将叫做陆机，是一位江东才子。陆机虽然才气出众但是并不会带兵打仗，军中的将士，特别是北方的将士根本看不起他，战事因为将士们不愿配合而逐渐吃紧。后来，司马颖的监军宦官因为与陆机兄弟素日不和，于是在战斗期间大肆污蔑陆机兄弟。

成都王司马颖不分青红皂白抓捕陆机兄弟，手下将士纷纷站出来为其辩护。但是不明事理的司马颖根本听不进属下的话，派人杀了两兄弟。

自洛阳城被围困已经过了半年之久，城内粮食不足发生饥荒，守城的士兵士气十分低落，这令长沙王司马乂十分忧心。就在这时，洛阳城内发生了叛乱事件，东海王司马越的兵变结束了这场战役。原本的盟友司马越叛变，司马乂被扣押后杀死，之后司马越利用司马衷下了停战诏书。

战后，司马颖被立为皇太弟，司马颙则被封为太宰、大都督，二人大权在握，战乱暂时平息。但是过了不久，成都王司马颖就显露出他的篡位之心。东海王司马越则借此机会宣布讨伐司马颖，政局再次混乱起来。

东海王司马越认为，司马颖在与长沙王的对战中元气大伤，不足以支撑新一轮的战役，于是起兵发动大规模的进攻。成都王司马颖帐下有一名叫做石超的大将，能征善战。面对司马越的军队，石超率领成都王军誓死抵抗，竟与东海王军打的难分输赢。

经过长期对战，成都王司马颖终于支持不住，败北。河间王司马颙在投降的路上就被杀死。在这次混战中，皇帝司马衷彻底成为诸王的棋子，被任意摆布。即使如此，他的结局依然悲惨。东海王司马越在取得最终的胜利后，派人毒死了司马衷。司马衷死后，他的弟弟司马炽即位，即历史上的晋怀帝。

发生于西晋时期的"八王之乱"持续了16年。混战中，司马氏各诸侯王手足相残，西晋国力被严重消耗，王朝开始走向衰亡。

局势分析

司马炎统治后期，朝中已经出现混乱的趋势。

司马懿等人的努力让司马炎顺利登上了皇位，而司马炎在前期统治时期，也十分开明。他积极筹措讨伐东吴，并在政治军事等方面做了十分充分的准备，最终以迅雷不及掩耳之势吞并了东吴。

但是，司马炎的善政并没有持续多久。统治后期，司马炎过度宠信杨氏和贾氏一党，搜罗天下美女，沉溺于声色之中不能自拔。皇帝如此荒淫无度，朝政随之呈现混乱之势，杨氏、贾氏两党之争逐渐加剧。

司马炎死后，司马衷即位。当时，司马衷的白痴之名已经为众人所知。司马炎虽然已经半身入土，还是显示出了对西晋王朝将来的担忧，死前不忘安排亲信镇守国内各个要地，防止叛乱发生。

不过，即使这时的司马炎再做任何准备，也抵抗不住西晋王朝的混乱局势了。贾南风事件之后，国家内乱不断，西晋的统治阶层势力消耗殆尽，人民也被卷入了战争的深渊。百姓为了生存下去不得不揭竿而起。八王之乱期间，人民运动从未停止，割据力量丛生。西晋王朝国力衰微，逐渐使其走向灭亡。

说点局外事

陆机

西晋的政局一直十分混乱，不仅仅政治野心家们参与了权力大战，很多文人雅士也被卷入皇室矛盾中，最后的结果令人悲叹。

陆机，字士衡，陆逊之孙，陆抗之子。陆机原本是一位文学、书法大家，有"太康之英"的美誉。作为南方文化的代表人物之一，他的《平复帖》是现存最早的中国古代名人书法真迹。很多人听说过"洛阳纸贵"的典故，"洛阳纸贵"和"陆机辍笔"中的主人公之一就是这位才华横溢的文人。

司马颖讨伐长沙王司马乂的时候，陆机率军出征失利，最后被诬陷而死。就是这样一位文人雅士，最终却死于八王之乱中，而且遭受了夷三族的命运。

永嘉之乱

公元307年到公元312年，西晋经历了一场招致国家灭亡的政治大事件——永嘉之乱。八王之乱导致西晋诸王相争，手足相残。王朝内部混乱不堪，民怨丛生、经济衰败，完全失去了大国的统治地位，而这对北方少数民族来说是一个侵略中原、踏平西晋的好机会。

匈奴刘渊首先在北方建立了政权。刘渊是奴左部帅刘豹之子，由于长期居住于洛阳城内，对汉族的文化十分了解。但是作为匈奴派往西晋的人质，刘渊备尝西晋汉族的冷眼，这让刘渊自幼就对西晋王朝存有怨恨之心，并萌生了脱离西晋统治的念头。

刘渊在司马衷统治时期做过一段时间的建威将军、大都督，官拜汉光乡侯。后来，他率领一部分同族叛逃西晋，并因此被西晋罢免了官职。八王之乱期间，司马颖为了抵挡东海王司马越再次起用了刘渊。刘渊身兼宁朔将军、监五部军事和太弟屯骑校尉（西晋官名。成都王司马颖为皇太弟，认命匈奴人刘渊为"太弟屯骑校尉"）等职，以帮助成都王对抗司马越为由回到并州，并获得了匈奴贵族刘宣等人和并州周边被西晋压迫的少数民族的大力支持。这之后，刘渊于左国城（今山西方山）起兵反晋。

公元304年，刘渊自封为大单于，建都左国城，定国号为汉。称王后，刘渊招兵买马，很快就召集了5万士卒。

可以说，刘渊是一个极具野心和政治头脑的首领。常年居住于洛阳的他深知中原文化和百姓的心理，为了造势拉拢民心，他放弃了匈奴人的旗号。

另外，在自立为王之后，刘渊还派军队回救过成都王司马颖，表明自己的守信。刘渊利用匈汉和亲的关系，称刘邦为"我高祖"，并处处体现出尊敬汉人汉室的姿态。面对刘渊的造势和崛起，西晋自然不会坐视不理，不过，与腐朽的晋朝相比，刘渊一方的实力更强，西晋在多次讨伐中均败下阵来。

公元 306 年，刘伯根在山东东莱地区发动了起义，东莱（今山东莱州）王弥加入了起义军，这只起义队伍被当时西晋的统治阶层称为"妖贼"。与此同时，汲桑、石勒等人也在河北发动了起义，汲桑，石勒投降刘渊。山东刘伯根死后，王弥继续抗争，后来也因为战斗失利而投奔刘渊。

在两只起义军支持下，刘渊的势力迅速扩张，成为北方各民族反对西晋的领导者。公元 308 年，刘渊在迁都后不久正式称帝，而后再次迁都平阳。历史上，称这个国家为前赵。

刘渊称帝的消息很快传到了西晋，这时候的西晋同时面对内忧外患，政权岌岌可危。但此时的司马氏内部势如水火，混战不断，根本没有多余的精力攻打刘渊。不过，刘汉政权虽然势力不断扩张，但在与西晋王朝的对抗中也没有占到太多的便宜。

公元 309 年，刘渊派王弥和次子刘聪等人率兵攻打洛阳城。这一战，刘渊原本抱有十足的把握，计划一举攻破西晋首都，消灭司马氏。首战中，晋军由于刘汉大军两路夹击而败，淮南内史王旷轻敌自傲，招致身死，刘聪等人初战告捷。之后，刘汉大军屡战屡胜，剑锋直指宜阳。若此战成功，刘汉大军便取得了灭晋战役的关键性胜利。然而此时，轻狂的刘聪因为数战皆胜而变得忘乎所以，犯了轻敌大忌，被弘农（今河南灵宝）太守垣延利用诈降之计杀得大败，刘汉大军被迫撤回都城平阳（今山西临汾）。

公元 309 年 10 月份，刘渊再次举兵伐晋。刘聪、王弥等人再次率领 5 万精兵一路杀至洛阳城下。刘汉大军势如破竹，晋军则在凉州刺史张轨的带领下未显慌张。张轨利用夜色偷袭刘汉大营，刘渊的征虏将军被杀，这导致刘聪军中大乱，撤兵洛水。撤兵第三天，刘汉营中发生叛乱事件，刘渊得知这一消息便令刘聪等人火速回军，但刘聪不肯。

刘聪上书刘渊说西晋士兵十分软弱，只要攻打即可取胜，不应该因军中之变急于班师回朝。足可见其自傲求功之心。刘聪执意如此，刘渊也无可奈何。事实证明，刘聪在领兵打仗方面的才能与晋军将领相比确实略逊一筹。他不采用任何战术，只是一味地命令士兵们攻城。晋军方面坚持死守，刘聪一时间毫无办法。攻城几日不下，心急如焚的刘聪竟然决定上山求佛，以保佑其战事胜利。

司马越得知了刘聪带领一支部队启程赶去嵩山拜佛的消息，便挑选城中几千晋军勇士，趁着刘汉军中空虚与其交战于洛阳城外。孤注一掷的晋军异常勇猛，混战中杀死了刘汉大将呼延朗，刘厉因为害怕刘聪问责而投水自尽，晋军大胜而归。当刘聪听到战事突变的消息时已经太迟了，而王弥等人认为不可再战就规劝刘聪撤军。刘渊得知汉军大败，也催促刘聪尽快班师回朝。不得已，刘聪只好下令撤军。

公元 310 年，刘渊去世，刘聪趁机杀死太子刘和篡位称帝。

即位后，刘聪继续派兵扩张势力征讨西晋。石勒、刘曜等人切断了洛阳与长安的联系，将洛阳城团团围住。西晋王朝经过多次内乱外患之争，已经完全失去了抵抗侵略的能力。眼见洛阳城内面临爆发饥荒的危险，晋怀帝司马炽下诏各地请求救援，无奈西晋各地守卫自顾不暇，无人回军解京师之围。

公元 311 年，晋军王衍部大败于苦县（今河南鹿邑），将士以及士族为求活命称支持石勒称王，最后全部被杀。

之后，石勒、刘曜、王弥共同攻陷了晋国首都洛阳，生擒晋怀帝司马炽，洛阳城被焚。刘汉军队战胜之后大肆抢掠杀戮，激起了汉族人的反抗，另有大批贵族和百姓逃亡江南地区。

局势分析

"永嘉之乱"的主角是中国的少数民族——胡人。永嘉之乱后，西晋王朝走向覆灭。公元 316 年，西晋彻底灭亡。胡人作乱，并不是西晋王朝短命的唯一原因。晋朝几代，均由司马氏独断专权，而司马氏的统治一代不如一代。另外，西晋在政治和军事上存在一定的缺陷。

在政治方面，西晋吸取了曹魏篡权的历史教训恢复了宗室分封制度。晋武帝时期，司马懿之下的宗室全部封王。军事方面，各地拥有一定实力的宗室均具有拥兵自重的权利，同时地方军队的势力被削减。这是因为西晋统治阶层害怕东汉末年皇权衰落的历史重演。

这种政治军事策略对保证皇权稳定具有一定程度的好处，但是也十分不成熟——同姓宗族大权在握，自相残杀的闹剧随时有可能上演。当王朝内部因为混战国力衰弱的时候，刚刚建立的匈奴刘汉政权就成了压死西晋这个大国的最后一根稻草。

从地域上看，西晋的地缘位置使得外患不断。从东汉开始，匈奴、鲜卑等不少北方少数民族就向黄河中心地区迁移，到了西晋时期，已经形成了汉族与少数民族杂居的状态。但是，各民族之间并没有很好地融合在一起，而是出现了各种各样的民族矛盾。当权者没有听从大臣的意见，放任自流，导致最后民族矛盾大爆发。

起初，刘汉政权的建立者刘渊十分重视汉族的文化，极力拉拢汉人，很多人也将刘汉大军当成解除民族压迫的救世主。只可惜，随着时间的推移刘汉政权的统治者越来越显示出其野蛮的一面。一些胡族贵族甚至煽动民族仇杀，在战争中烧杀抢掠无恶不作，大大激起了广大人民的愤怒和反抗，而这也注定了刘汉政权无法长久。

说点局外事

闻鸡起舞

"闻鸡起舞"的主人公是东晋时期的名将祖逖和好友刘琨。

年轻时候的祖逖和刘琨就是满怀激情的有志之士。一天夜里，祖逖被一阵鸡鸣吵醒之后便再无睡意。这时候，天还没亮，于是祖逖就叫醒了还在熟睡中的刘琨，两人跑到院子里开始练习舞剑。两人天天如此坚持学习兵法、提高武艺，最后终于成为一代名将。

后来，人们经常用闻鸡起舞的典故比喻那些有志于报效祖国的并时时奋发向上的人们，祖逖和刘琨也成为人们进行鼓励和自我激励的榜样。

第二章　东晋南北和弦

西晋灭亡后，司马睿建立了东晋。东晋王朝在建立初期呈现出一片生机勃勃的景象。可是，这种局势没有持续多久就因为内部的骚乱而黯淡下去。这一时期，前赵被石勒所灭，后赵崛起，北方匈奴的内乱暂完结。东晋政权最后落入外姓大将刘裕手中。

二将叛乱

公元 316 年，长安城被攻陷，晋愍帝投降，西晋就此灭亡。公元 317 年，司马睿称帝建立东晋，史称晋元帝，定都建邺，改名建康。东晋建立初期发展迅速但叛乱不断，晋元帝司马睿也在王敦之乱中郁郁而终。

15 岁时，司马睿作为司马懿的曾孙继承父亲的爵位成为琅琊王，在皇室中的地位并不高。司马睿从很早开始就和东海王司马越的参军王导交好。公元 307 年，东海王掌管西晋大权，随即任命琅琊王司马睿为大将军并统管江南地区事宜，王敦为扬州刺史。

权势不高的司马睿初到江南，想要立住脚跟并不容易，更不用提统领一方了。为了实现共同的利益，司马睿与王导、王敦结成友方，团结一心争取地方世族的关注和支持，打算在江南地区大展拳脚。

对于江南地区的人民来说，三月三是个大日子。于是王敦和王导定下计策，利用这一天为司马睿制造声势。三月三当天，大批整齐的仪仗引起了人们的关注。颇有名望的王敦和王导陪伴着司马睿出游，司马睿坐在轿子上尽显领袖威严。江南地区的大贵族们这才意识到司马睿是个不能得罪的大人物，纷纷跪伏在路旁，再也不敢造次。三月三出游的计划十分成功地让贵族们对司马睿产生了敬畏之情。之后，王导趁热打铁，以司马睿的名义拜访了江南巨头顾荣、贺循等人，表示希望他们给予司马睿协助。看到统领者选择了辅助司马睿，江南地区的其他世族也纷纷投到司马睿帐下。

此时的江南地区流民四起，不服从司马睿领导的地方势力也很多。为了控制江南局势、铲平叛乱，司马睿派王敦讨伐各方势力，经过多年的南征北战，王敦不负期望地镇压了大部分叛军势力，控制住了湘州（今湖南长沙）、江州（今江、浙、闽大部）等各个重地，巩固了东晋政权。

公元 317 年，司马睿建立东晋。王敦身兼数职：侍中、大将军、江州刺史、荆州刺史……，成为名符其实的的荆湘地区掌权人。王导被任命为宰辅，其他王氏子弟亦皆有封赏。

然而王敦虽为人臣但一直抱有不臣之心。西晋刚刚灭亡的时候，王敦就因为担心司马睿称帝会危害自身的利益而极力反对。不过，司马睿并没有因为称帝而冷落功臣，而是下放权力，积极支持王敦等人的发展。

随着实力增强，王敦越发不把晋元帝放在眼里，甚至地方事务都不向朝廷报告。司马睿见王敦手握重兵又不服朝廷统治就想要逐渐压制地方世族的势力，集中皇权。但是这种做法刺激了王敦的不满情绪，司马睿与王敦的矛盾越来越深。王敦的反抗行径被司马睿得知，于是晋元帝终于决定不再姑息，着手削弱王敦的兵权。

一天，司马睿将叔父司马丞秘密召入皇宫商量对策。司马丞认为，王敦现在身居高位、势力庞大，但是欲望却没有因此得到满足，如果再这样放任不管迟早会成为心腹大患。一个月后，司马睿无视王敦举荐其亲信掌管湘州的信件，直接任命叔父司马丞为湘州刺史。

这一举动果然招致了王敦的不满，他立刻上书表达了对皇帝和一些近臣的不满情绪。司马睿看到王敦的奏章心中更加害怕王敦起兵作乱，暗中加快了新的军事力量部署。

公元 321 年，司马睿听从谋臣刁协的建议将大量沦为奴隶的流民组织起来，组成了一只实力不容小觑的军队。没过多久，司马睿又分别任命亲信戴渊和刘隗为司州（今江苏泗洪）刺史、征西将军和青州（今江苏扬州）刺史、镇北将军，以讨伐北方少数民族政权的名义镇守合肥、淮阴等地，实际意图则是防备王敦叛乱。

王敦看到司马睿如此器重刘隗就想要将其拉拢到身边，他压下恨意写信给刘隗，言辞恳切地表达了自己愿意与刘隗联手辅佐王室的心情。刘隗早就看透了王敦的诡计，因此根本不理会他的拉拢，并回信给王敦说自己的志向就是竭尽全力效忠王室。王敦看到刘隗的回信之后勃然大怒，决定与司马睿拼个高下。

公元 322 年 1 月中旬，王敦发表檄文声讨刘隗，上书司马睿要求处死刘隗和刁协。之后王敦带领大军浩浩荡荡开向首都建康。司马睿听闻，十分愤怒。1 月底，司马睿颁布诏书，命令各地起兵讨伐王敦，平定叛乱，保卫王城。3 月初，王敦率军到达建康，司马睿命刘隗等人严阵以待。

司马睿没想到，面对王敦的进攻守城将领周札竟开门投降致使建康失守。虽然后来刘隗、刁协率军进行了反扑，但是手下将士终究赶不上王敦麾下的精兵强将。很快，建康沦陷。王敦军进城之后，在城中大肆抢掠，司马睿无奈地坐在宫中等待王敦发落。

但是王敦故意不见司马睿，从到达建康到得胜收兵都没有踏入王宫半步。公元 322 年 11 月 10 日，司马睿抑郁而终，其子司马绍即位，史称晋明帝。

这时的王敦野心更重，甚至开始准备谋朝篡位。公元 323 年，王敦逼迫晋明帝授予他佩剑上殿、入朝不必趋行等权利。晋明帝心中不悦却毫无办法，只得遵从。之后，王敦召集大军囤聚在于湖（今安徽当涂），企图再次攻打建康自立为王。明帝深知王敦图谋不轨，于是暗中开始做准备。

不料，就在王敦积极筹措篡夺皇位的时候，突然身患重病。司马绍得知，即刻下诏讨伐王敦一党。王敦虽然心中愤怒但是碍于病重无法亲率部队。很快，前线传来战斗失利的消息，王敦也抱憾而终。王敦之乱就此告一段落。

虽然王敦叛乱平息，但是东晋的内耗并没有结束。

晋明帝司马绍死后，幼子司马衍即位，史称晋成帝。幼子无法主持朝政，于是司马衍的舅父庾亮便成为朝中主事之人。庾亮虽然具有一定的政治才能但是自视甚高，独断专权的做法很快引起了朝中大臣的不满。

手握兵权的陶侃、苏峻、祖约等人素日就与庾亮不和。庾亮碍于这几位朝中大臣功勋卓著，一直无法对他们有太大的动作。公元 237 年，庾亮以皇帝的名义下诏，让苏峻返回京都，解除其兵权，另派他职。大臣们知道苏峻与庾亮之间的矛盾，认为庾亮此举纯属公报私仇，于是极力劝庾亮以大局为重。庾亮不听，他将苏峻比作吴楚七国时候的汉朝，狼子野心，必须尽快处置。

苏峻听闻大发雷霆，无奈此时催促他启程的诏书又到，苏峻只得准备入朝。苏峻的部下劝阻他说："此行必然丢掉性命，不如起兵讨伐庾亮。"苏峻认为部下的话有道理，于是扯起反旗，联合祖约一同举兵造反。

庾亮为了防范陶侃叛乱，命令江州领兵按兵不动。如此一来，建康防卫空虚，苏峻等人大军一路东下如过无人之境。这时候庾亮才害怕起来，带着身边的人逃出建康跑到浔阳。苏峻大军进入建康之后并没有大肆屠杀，君臣均得到善待。

这样，逃到了浔阳的庾亮惊魂才定。思虑之后，他发现除了荆州陶侃再也无人可以平定苏峻等人的叛乱，于是他派人劝说陶侃起兵。陶侃本与苏峻并无冤仇，但是以忠臣自居的他却无法容忍苏峻等人起兵叛乱。庾亮担心陶侃得知实情之后反而怪罪于他，就主动到陶侃处请罪，两人冰释前嫌，又联合了一些朝内朝外的力量共同声讨苏峻等人。

经过几次大战，战局仍然僵持不下。在最后的一次激战中，苏峻突然马失前蹄丢失了性命。失去大将，军心动摇，祖约等人只得仓皇出逃。苏峻之乱以朝廷军的胜利而告终。

但是，纵观整个事件可以发现，苏峻叛乱本是可以避免的。庾亮心胸狭窄，处处紧逼才将苏峻推上了叛乱的道路，而经历了两次重大叛乱的东晋王朝实力被明显削弱。

局势分析

司马睿执政时期的政治局面被当时的人们称为"王与马，共天下"，即司马氏与王氏共同治理天下。晋元帝司马睿登基当天，文武百官都来朝见。为了显示敬重之情，司马睿一见到王导立刻离开龙椅起身请王导同坐，大臣们见到这幅景象十分震惊，自然王导也不例外。他赶忙推辞奉承司马睿说自己只是个普通人，不能和太阳坐在一起。司马睿听到王导的话心中十分高兴，便不再勉强他。

司马睿不仅仅厚待王氏众人，更要为了统治的稳固优待世族大家。司马睿统治期间只任用世族宗人，权贵大姓可以肆意违法而不受惩治。虽然司马睿对大姓贵族采取纵容支持的态度，但实际上，随着世族的经济实力日益增强，司马氏族与几大北方家族之间矛盾冲突也呈现出逐渐增多的趋势。支持东晋政权的四大家族分别是王、谢、庾、桓。在东晋统治时期，南北各大家族反晋和相互纷争不断。

具有缺陷的政治军事制度导致东晋混乱的局面一直没有得到缓解。王敦、苏峻两次叛乱使得东晋内耗严重，几支大军没有在对外战争中派上用场却在内战的混乱中逐渐瓦解。

说点局外事

玄言诗

玄言诗是晋朝时期诗歌的一个流派，起源于西晋，到东晋达到极盛。桓温、孙绰、庾亮等人是玄言诗的代表人物，诗歌重玄理，与实际生活相距甚远。玄言诗的出现有着其深刻的社会历史背景。

东晋时期内地佛教盛行，佛教与玄学相融合后，逐渐在文学作品方面体现出来，很多作家诗人都倾向于用诗歌来表现自己对玄学的认识。

另外，晋朝开始，社会一直动荡不安。不少文人雅士为了躲灾避祸而研究玄学。当时，清淡之风盛行，诗人们的思想和生活方式都体现着逃避现实的精神状态。从文学的角度来讲，玄言诗中缺乏生动的文学形象和感情，艺术价值并不高。中国早期的玄学家十分善于谈论书中的理论，同时缺乏实践经验。所以不管从文学角度还是实用角度，玄言诗的价值都不大。

前赵覆亡

石勒，羯族人，本是前赵刘渊帐下一员猛将，能征惯战，尤其擅长骑射。公元 328 年，石勒称帝，建立后赵。公元 329 年，匈奴前赵正式灭亡。

早在石勒效力于前赵刘渊之前，就已经显出其不凡之处。石勒曾经在洛阳城做了个小生意。有一天，西晋王衍看到气度不凡的石勒倚门长啸，断定这人若不除必在将来引起祸乱，于是就派人抓捕他。谁知石勒命不该绝，在官军实行抓捕的时候已经离开。事实证明，王衍眼光不差，后来的石勒成为了消灭西晋和匈奴前赵的大人物。

投奔到刘渊帐下的石勒颇受刘渊赏识。石勒一向不满晋朝的统治，所以在刘汉政权攻打晋朝的时候十分勇猛。公元 309 年，石勒在进攻中途成立了一个"君子营"，目的在于网罗汉族人中的有识之士，增强自身的力量。"君子营"的建立收到了良好的效果，很快，石勒的军队就不再是一支只懂得打胜仗的野蛮组织，而成为精通政治谋略的军事力量。

公元 310 年，王衍率领大军开往山东，石勒听闻后随即将其包围并屠杀，将领王衍被俘。这时的王衍早已经认不出眼前的石勒，更不记得曾经追捕过他。为保活命，王衍甜言蜜语劝石勒称帝，石勒看到王衍样子如此不堪，愤怒地让人将其杀死。

过了不久，晋朝首都被攻陷，晋怀帝沦为阶下囚。一时间，石勒名声大噪，成为刘渊帐下的头号人物。当时，可以与石勒相抗衡的只有王弥。两员大将共同辅佐匈奴前赵，却一直面和而心不和，相互仇视，甚至已经到了抓住机会就会置对方于死地的程度。

公元 311 年，王弥在与晋朝将领的对战中遭遇瓶颈，无奈之下请求石勒派兵支援。石勒本不愿出兵，但最后还是听取了手下谋士的建议派兵增援，并准备在获得王弥的高度信任之后将其除去。战后，石勒宴请王弥。这时的王弥对石勒仍然十分信任，于是毫无防备地钻进了石勒的圈套。石勒趁王弥酒醉杀了这位红极一时的同朝大将，这件事让刘聪大为震怒。只不过，即使刘聪再不满，也不能处罚手中握有国家大部分实权的石勒，相反，还要表现出安抚的态度。可见此时的石勒虽然在名义上还是匈奴汉将，实际上已经拥有了脱离刘汉政权而独立的实力。

拥兵自重的石勒野心不减，他造船练兵希望能够在江南地区的战斗中取得胜利。石勒如此积极地筹备，让南方的琅琊王司马睿心生畏惧，他不得不着手准备战斗适宜。可惜天公不作美，连续几个月的春雨引发了瘟疫，石勒大军耗损十分严重。经过再三考虑，石勒退兵了。此时，匈奴前朝内部出现了问题。刘聪的儿子刘粲在担任相国期间重用宦官。宦官专权导致朝政日益混乱。刘聪病故，外戚掌权，这令原本已经不稳的刘汉政权摇摇欲坠。后来，刘粲果然在政变中丢了性命，匈奴外戚靳准自立为王。外戚专权，刘氏宗族自然发兵讨伐。在外的刘曜听说朝中变故即刻带兵返回，再次发动政变消灭了外戚靳氏一族。

平息靳氏一族的叛乱之后，刘曜即位，改国号为赵，定都长安。刘曜坐上龙椅后的第一件事就是拉拢石勒，封他为赵王。可以说，匈奴前赵内乱至此，气数将尽。但是石勒认为时机仍未成熟，起兵灭前赵还需一段时间，因此他专心致志养精蓄锐，等待与刘曜决战的一天。

刘曜和石勒各自为营，不断扫除前赵的残余力量。眼看北方就要统一，两人终于按捺不住消灭对方的心情，开始对峙。

公元328年，石虎与刘曜会战与蒲阪（今山西永济），石虎兵败退居洛阳，其军队纷纷倒戈投降。正当众人认为刘曜胜利在望的时候，洛阳围城战却出现了相持不下的局面。刘曜军在洛阳城下围攻整整4个月没有丝毫进展，军心和士气开始下降。另外，刘曜这个人有个很严重的问题——嗜酒，晚年的刘曜即使在对战之前还会喝得酩酊大醉，而这似乎也昭示了前赵的结局。

公元328年12月，刘曜军与石勒军在洛阳城下展开决战。刘曜再次于战前醉酒，终致他在战斗中受重伤被俘。石勒军大胜而归。战后，石勒称帝，建立后赵。

局势分析

石勒能够灭前赵称帝，不仅仅因为作战勇猛，更得利于他在政治文化等方面做出的贡献。石勒重视文化教育，广招贤良收于麾下，同时制定了很多促进人民生活的政策收拢了人心。石勒称帝期间，严令百官依法办事并严惩贪赃枉法之徒。对待百姓，石勒下旨减租缓刑，努力缓解阶级矛盾。值得注意的是，石勒虽然提倡依法办事，但是却能做到灵活处理个案。一次，有个喝醉的胡人骑马闯入了宫门，石勒很生气。因为在石勒成为赵王之后，出入宫门方面有着十分严格的限制，而且不准说"胡"这个字。面对赵王的指责，守卫宫门的人十分害怕，吓得一时间忘了言语上的忌讳。然而，石勒听了守卫的解释之后，并没有按律惩治，反而笑着宽恕了他。石勒知晓人情懂得灵活办事，这大大缓和了当时紧张的局面。

文化教育方面，石勒吸取了晋朝的制度，鼓励国人学习汉族文化，重视修史。石勒本人没有上过学，为了提高文化程度和思想水平，他常常向人请教经史。另外，石勒还派人兴办小学、太学，并亲自到学校考察，褒奖成绩优秀的学生。

石勒虽然文化水平不高，却十分善于求贤纳谏。公元 331 年，石勒想要迁都到邺，大臣续咸极力劝阻。石勒虽然心中不悦，但最后还是听取了大臣们的劝谏，并且重赏了续咸。之后，石勒借机命令王公大臣们每年都要向朝廷推荐贤良，并且很好地贯彻了"疑人不用，用人不疑"的原则。

除此之外，石勒还推行劝课农桑，禁止酿酒，并亲自行籍田之礼。在战乱年代，这是十分罕见的。石勒心怀高远，特别希望能够看到大一统的局面。只可惜，他的愿望还未实现就死于病榻之上了。

说点局外事

匈奴

匈奴民族祖居西伯利亚地区，有着悠久的历史，他们从外貌到生活方式都与中原人有很大的不同。匈奴是古北亚人种和原始印欧人种的后代，在中国古代历史上就是一个实力强大，能够称霸中原以北地区的游牧民族。

匈奴人信奉萨满教，信仰斯基泰文化，有着猎头的习俗，即匈奴人会在战争中砍下敌人的头颅，并用其制作成酒器以示炫耀。匈奴人集会的日子一般在正月、五月份和九月份。其中，五月份的集会就有鲜明的宗教色彩。很多人都会参加祭拜祖先、天地和鬼神的活动。另外，在战争时期，匈奴人还会借助于各种巫术，十分迷信。

淝水大战

东晋建立之后，中国出现了南北分裂的政治局面。公元 317 年，琅玡王司马睿定都建康，占据着汉水和淮河以南大部地区。在北方，各个少数民族也纷纷建立政权，匈奴、氐、鲜卑、羌等少数民族首领称帝使得地方割据政权相互对立，混战不断。

公元351年，氐族建立前秦，定都长安。前秦占据着北方陕西关中一带地区，经过一段时间的发展，实力逐渐增强。公元357年，前秦苻坚自立为天王，对内发展经济，努力提高国家实力，对外则不断实行军事扩张。

政治经济方面，汉族贤才王猛得到了苻坚的重用。王猛不负期望在前秦国家内部进行了大刀阔斧的改革，将国家治理得井井有条。前秦民间不断兴修水利大力发展农业，朝廷兴办学校、招贤纳士并且十分注重调和民族之间的矛盾。经过治理，前秦成为北方割据势力中最为强大的政权。

对外军事方面，苻坚坚持对外扩张。国家内部的稳定为采取大规模的军事行动奠定了坚实的基础。国富民强的前秦逐渐消灭或吞并了前燕、代、前凉等实力较为弱小的政权，初步统一了北方地区。苻坚的野心不止于此，统一了黄河流域之后，他开始逐步向南进发，梦想统一全国。

公元373年，苻坚的秦军攻占了东晋的梁州和益州。其实早在公元354年桓温第一次北伐时，东晋与前秦就已经有过大战，当时桓温攻入了关中地区。这一次，前秦占据了长江和汉水上游地区，并一路攻陷了几座军事重镇。南侵的步伐过于顺利，苻坚被接连不断的胜利冲昏了头，开始梦想着就这样轻松消灭东晋、统一全国。

公元382年，经过一段时间调整和准备的苻坚认为时机已经成熟，于是亲率大军南下讨伐东晋。公元383年，苻坚领兵从首都长安启程，命令前秦大军分兵南下。为了攻打东晋，苻坚派出60多万步兵和20多万骑兵，军队绵延千里水路并进，可以说声势浩大。此外，苻坚在出兵前就将东晋皇帝和官员的安置方法想好了，这些都足以显出他对这一战志在必得。

出兵后，前秦军先锋苻坚之弟苻融首先带领25万人突入，苻坚、凉州军、巴蜀军、河北军过了一段时间才抵达预定地点。先锋军首先遭遇了北府兵的抵抗。

北府兵是由东晋谢玄招募，经过长期训练而成的一支职业正规军，开府于长江以北的京口，故名北府兵。军队虽然人数不多，但是士兵个个骁勇善战，实力十分强悍。前秦大军南侵的时候，北府兵共有八万人，面对苻坚的百万大军，东晋做好了背水一战的准备。

实际上，前秦队伍虽然庞大但是作战能力低下，军中有不少临时征召的乌合之众，且各民族混杂，其向心力和作战能力的脆弱程度可想而知。年轻的谢玄作为东晋北府兵前锋都督，心理压力极大。于是战前他找到自己的叔父，即东晋宰相谢安讨教应敌之法。没想到，谢安竟然拉着谢玄下棋游乐，丝毫看不出紧张。其实，谢安心中也十分不安，但是为了安抚人心，他才故作轻松鼓励谢玄。

10月，前秦前锋部队攻入寿阳，其他各支部队也纷纷传来捷报。苻融截获晋军的求援信之后告知了苻坚，苻坚即刻亲自率领几千骑兵飞奔至寿阳而把大部分军士留在了项城。到达寿阳的苻坚派人劝降晋军，却没想到使者反向晋军泄露了前秦军的情报。前秦使者建议守将谢石趁着秦军还未全部到达，迅速集中兵力打击眼前的前锋部队，这样就可以消损秦军的士气，将其打败。谢石认为使者的话很有道理，旋即改变了作战方针。

晋军将领决定变防势为攻势，就派猛将刘牢率领一路精兵奇袭洛涧（又名洛水，今安徽淮南），淝水大战就此拉开序幕。秦军将领发觉了晋军的行动，于是派兵5万人在洛涧抗击刘牢的5千猛士。原本以为胜利在握的秦军将领没想到刘牢分兵两路，一路直接杀奔洛涧，另一路悄悄潜入前秦军后方将其后路切断。刘牢率兵强攻洛水，前秦士兵竟只抵挡了一阵子便四散奔逃，主将被杀，洛涧之战晋军完胜。

一时间，晋军士气大振，谢石指挥将士们乘胜追击，分水陆两部前往淝水，并在一侧的八公山上扎下营寨，与秦军隔岸相对。苻坚远望对岸，发现晋军排列整齐、颇有气势，心中十分惊慌。

晋军方面，谢玄知道秦军数量庞大，恐怕强攻对晋军不利，于是定下一计。双方在淝水列阵对战时，谢玄军首先使用激将法让苻坚同意晋军渡河之后双方在陆上交战。苻坚盘算着等到晋军渡河到一半的时候发动奇袭，于是答应了谢玄的要求，命令大军向后撤。军中将士犯起了糊涂，以为战局出现了变化。恰逢此时，前秦军中的奸细开始大喊"秦军败了"，还没明白怎么回事的士兵一听这话，纷纷逃窜，营中顿时乱作一团。谢玄等人发现计划成功，立刻命令军士渡河发起猛攻。混战中，苻坚的弟弟苻融被杀，秦大军后撤30里。

晋军大败秦军，收复了失地，这个消息很快就被建康的谢安等人得知。

谢安看过捷报，丝毫没有表现出兴奋高兴的样子，继续下棋。到谢安府中做客的人看到谢安不动声色就忍不住问了战况，谢安这才不慌不忙地说："我们打胜了。"客人一听高兴得没心思继续下棋，赶忙辞行去宣扬这一喜讯。客人离开之后谢安才表现出兴奋的样子，他高兴得连路都走不稳了。

大战后，寿阳城再次回到晋朝控制之下，晋军收缴前秦军战利品不计其数，而前秦军损兵折将，毫无战意的士兵被杀得如惊弓之鸟，苻坚也在混乱中受伤，一路率军逃回了洛阳。淝水之战，前秦元气大伤，政权开始瓦解，但中国南北对峙的局面也没有改变。东晋在谢安去世和谢玄归隐之后再次转为守势，几十年后，晋朝政权被刘裕夺取。公元 385 年，前秦苻坚被杀，原本投降前秦的各个少数民族再次宣布独立，北方又出现了持续混战的局面。

局势分析

淝水之战作为著名的以少胜多的战役，在中国历史上留下了重重的一笔。面对强大力量的威胁，东晋取得了转折性的大胜利，以区区 8 万军打败了拥有近百万士兵的前秦。

仔细分析，我们能够发现东晋的胜利并不是巧合。

当时，前秦的实力确实远在东晋之上。经过多年蛰伏的苻坚已经拥有了坚实的国力，那么前秦打败的原因又是什么呢？实际上，导致前秦败北的原因恰恰在于：兵士太多。

在中国古代战争中并没有先进的武器装备，所以往往是人多的一方取胜。但是，兵太多也会产生一系列的难题，比如：粮草水源问题、人员调配问题、信息沟通问题、人员叛变问题，等等。人越多，正确的战略战术越显重要。所以，有些时候，兵在精不在多。

在攻晋的过程中，苻坚动辄派出几十万大军，挑战了后方供给和战略战术的极限。此外，前秦大军中鱼龙混杂，人心不齐，可以说很难统一控制。况且，苻坚亲自率兵上阵，显示出一战必胜的决心，那么东晋只有竭尽全力背水一战才有胜利的可能，因此东晋将士们作战都十分英勇。苻坚在制定战略战术方面的失误，为前秦的失败，埋下了伏笔。

说点局外事

北府兵

北府兵也称北府军，由谢氏家族创立，是南朝军队的主要战力。谢氏家族组建北府兵的目的不仅仅是用来抵御北方少数民族的侵略，还要改变扬州的地位。当时的扬州"权重而力弱"，北府兵的建立可以有效改变这一政治局面。

公元383年，北府兵于淝水大战中一战击败前秦军队，顿时扬名四海。谢玄被解除了军权之后，北府兵数次易主。公元404年，刘裕率领北府兵反对桓玄，刘裕称帝后，北府军再次成为国家军队的主要战力。

桓温作乱

东晋桓温，汉族人，字元子，是中国历史上杰出的军事家、政治家，其人性格豪爽，是一位有雄才大略的能人。桓温是东晋晋明帝的驸马，公元347年，他率军剿灭了盘踞蜀地的成汉（308年，李雄于成都称帝，国号"成"，史称"成汉"。十六国政权之一）政权，因此名声大噪。

不过，桓温并不满足于现状。野心勃勃的他致力于拉拢人心、总揽朝政，甚至希望有朝一日能够坐上皇帝的宝座。桓温清楚地认识到，想要达到目的必须要在掌握足以和朝廷对抗的实权同时提高自己的名望。他认为，殷浩等人不过是一些只会耍嘴皮子的清谈之士，并无实用的韬略，因此当务之急就是尽力扩充军备势力，消除支持东晋的地方势力。

桓温颇具军事才能，同时又懂得揽权，所以很快晋元帝司马睿幼子司马昱就对声望不断提高的桓温产生了压制之心。他指派心腹扬州刺史殷浩辅政，希望可以制约恒温在朝中的权利发展。

东晋在地理位置上处于江南地区，这并不是因为东晋皇帝偏爱江南而不愿北上。实际上，东晋朝廷内部上下一直有人提倡举兵北伐以收复失地，而这对桓温来说是一个提高声望的绝好机会。司马昱和殷浩自然不希望桓温掌握北伐大权，因为一旦北伐成功，桓温在东晋的地位就无人能够撼动了。

公元349年4月，北方因为后赵石虎的死亡而陷入混乱，东晋统治阶层认为这是一个北伐的好机会，但是桓温却以为麾下实力仍不强劲并不希望即刻出兵。为了在造势的同时观察司马昱、殷浩等人的动静，桓温佯装出兵。实际上，桓温率领军队走到安陆安下营寨，并未采取进一步的动作。

司马昱、殷浩等人果然中计，他们因为害怕桓温发兵北伐而急急忙忙组织军队出发，一路直奔彭城（今江苏徐州）。没想到，征讨大都督褚裒在北伐中失利，第二年便郁闷而死。对桓温来说，这边是少了一个竞争对手。褚裒死后，殷浩亲率大军北伐，暂时防止了大权落入桓温手中。桓温早就看透殷浩没有军事才能，于是只率兵镇守武昌并声称北伐就吓得司马昱和殷浩慌了手脚。武昌属军事要地，北上可讨伐中原，东下可威胁东晋朝廷。为了稳定局势，一方面，司马昱为了阻止桓温采取进一步的行动而写信给他，另一方面，殷浩继续发兵北伐中原。

公元353年8月，殷浩北伐再次失败。桓温借殷浩北伐不利之由逼迫皇帝罢黜殷浩官职，将其贬为庶人。殷浩兵败，朝中再也无人能与桓温相抗衡，更何况桓温搬出了一个冠冕堂皇的理由，司马昱也无力保住殷浩。

就这样，桓温大权在握，终于举起了北伐中原的大旗。经过多年的休养生息，桓温的实力大增。在殷浩下台之后的第二个月，他就领兵发起第一次北伐。这次北伐十分顺利，北伐军一路攻打到灞上（今陕西西安），距离长安咫尺之遥。

公元356年，桓温发动第二次北伐，再次得胜而回。

两次北伐成功致使桓温的威望迅速蹿升。司马昱一方面庆幸东晋的胜利，一方面也承担着来自桓温的更大的压力。桓温在第二次北伐成功之后，开始继续扩张势力。这时，一些不满于桓温的做法和成就的士族终于手拉手与桓温对抗起来。对此，桓温体现出了非同一般的政治才能。他表面不动声色，暗地里却寻找着这些士族的漏洞，借由各种冠冕堂皇的理由逼迫皇帝罢免了谢万、范汪、庾希等一干反对者。

公元362年，桓温上书请求将永嘉之乱之后流落到江南地区的人北迁到河南地区。这一政治攻势逼得司马昱等人为他加官晋爵。之后，桓温不断身兼各种要职，桓氏一族实力无人能及。桓温做事一向小心谨慎，但是为了夺取仍在朝廷控制范围内的豫州和徐州，桓温决定兴兵进行第三次北伐。

公元 369 年，桓温再次领兵北伐。按照计划，第三次北伐胜利之后，桓温便可以自立为帝。只不过，这一次北伐并不像之前的两次那样顺利，桓温的军队在枋头（今河南浚县）之战中失利。颇具头脑的桓温想到将战败的责任推卸到豫州刺史身上，并直接任命其子接替要职。这样一来，虽然桓温的声望在枋头之败中受损，但是却彻底控制了东晋朝廷。

公元 371 年，握有实权的桓温宣布废黜皇帝司马奕，立司马昱为新帝，史称简文帝，司马奕被降为东海王。但是司马昱只是个名义上的皇帝，而桓温这样做的目的不过是在实际成熟的时候逼迫司马昱"主动"让位于他。

每天惶惶不可终日的司马昱很快一病不起，于是他写下遗诏指派大司马桓温辅政，甚至可以取而代之自称皇帝。司马昱的做法遭到了群臣的反对，于是司马昱便命人修改诏书只安排桓温辅政。

此时的桓温一心等着禅位的消息传来，却没有想到这个梦想因为大臣们的干预而破灭了。

公元 373 年，桓温带兵入朝。一时间流言四起，传闻桓温要杀掉反对他的两位大臣——王坦之和谢安，并自立为帝。这次事件由于王、谢两大家族联手抵制桓温而不了了之。后来，桓温抱病，很快便带着遗憾撒手人寰。桓温死后，桓氏家族仍然牢牢掌握着东晋的军政大权。

继承了父亲野心的桓玄在公元 397 年借着骚乱建议殷仲堪讨伐权臣王国宝。之后，殷仲堪起兵攻打京师，桓玄隶属其帐下。经过多年的苦心经营，桓玄再次掌握了兵权。公元 399 年，桓玄吞并了殷仲堪等人的队伍，朝廷妥协，长江上游的军政大权落在桓玄手中。

公元 402 年，东晋朝廷下令讨伐桓玄，桓玄听闻随即发布檄文同时率军东进。面对桓玄的大军，朝廷方面除了北府兵无人能与之抗衡。公元 403 年 9月，桓玄接受东晋皇帝的禅让，正式登基称帝。桓玄虽然作战英勇，但是称帝后却是荒淫无度。在他统治下的朝廷腐败、人民生活困苦。

公元 404 年，北府兵将领刘裕率先发动政变击溃了桓玄的主力。3 月，北府兵丢弃储备粮对桓玄军发动了猛攻，桓玄保护晋安帝逃跑重回江陵。很快，刘裕等人就占领了寻阳。寻阳是荆州的门户，桓玄为防全军覆没不得不再次重整旗鼓率军攻打寻阳。之后，北府兵刘裕与桓玄在峥嵘洲（今武汉新洲）展开交战，桓玄大败而归，并在逃跑的路上被杀。桓玄死后，桓氏的残余势力仍在活动，又经过 1 年左右才被彻底清除。

局势分析

可以说，桓温父子的作乱是南北方士族以及北方世族与皇权之间矛盾冲突的结果。东晋时期，拥有谋逆之心的权臣非常多，一些专政的世族拥兵自重，不断将人民带入战乱之中。

桓氏父子的叛乱被北府兵刘裕镇压下去之后，朝廷的大权落入刘裕之手，东晋王朝名存实亡，刘裕代晋已经成为历史的必然。公元 418 年，晋安帝司马德宗被刘裕派出的亲信杀死，司马德文即位，史称晋恭帝。

公元 420 年，司马德文在刘裕的胁迫下发布禅位诏书，刘裕顺利登基，建立宋，东晋彻底灭亡。

说点局外事

大丈夫既不能流芳百世，亦当遗臭万年

"大丈夫既不能流芳百世，亦当遗臭万年"是桓温的名言。可以说，桓温也是一代枭雄，他拥有强大的政治和军事头脑，曾经数次北伐平定中原地区，震惊前秦。

人们时常拿曹操和桓温进行比较，认为二人有着相似之处。不过，与曹操相比，桓温的野心更加露骨，不避锋芒。桓温虽然控制了皇室一段时间，但是到最后也没能实现理想。

桓温经常将自己比作刘琨，晚年时，桓温已经是权倾朝野的大人物，但他仍然不满足。桓温对亲近的人说："如果就此甘于现状，死后也会被司马昭和司马师所耻笑。"

交织的民族乐——南北朝

中国南北朝分为南朝和北朝。南朝宋的开启者是原东晋的大将刘裕，北朝则囊括了东魏、西魏、北齐、北周等几个王朝。南北方各自经历了一段时

间发展之后，南朝最后一个国家——弱小的陈朝被隋文帝杨坚消灭。由于北周的疆土已被隋朝继承，所以是隋朝完成了南北统一大业，中国的魏晋南北朝时期正式结束。

五胡十六国

五胡十六国，也被称为十六国，是中国古代从公元304年到公元439年的一段历史时期。公元304年，刘渊建立汉国，汉国即前赵。公元439年，北魏政权消灭了北凉。从地理位置上来看。五胡十六国包含了中国华北、蜀地、辽东等地，边疆最远可以到达江淮、漠北甚至西域。

五胡十六国中的五胡指的是：匈奴、羯、鲜卑、羌、氐。这几个少数民族在中国北方相继建立了很多个政权。西晋时期，这些少数民族主要居住于中国的北方或者西方的边疆地区。八王之乱导致整个中原地区内部混乱，五胡趁机起兵。西晋之后，北方少数民族割据政权陷入混战。时值永嘉之乱，很多百姓和流民在战时逃到了中国边陲地区，边疆少数民族接受了中原的生产生活方式和政治文化之后日渐繁荣起来，但是割据政权的混战仍然没有结束。直到前秦帝国崛起，皇帝苻坚统一了华北地区。

但是，这样的统一是短暂的，淝水之战兵败后，前秦帝国逐渐衰败，之前归降的少数民族贵族们再次叛变，北方政局再度全面崩溃。公元439年，在拓跋氏族的努力下，北魏太武帝拓跋焘再次统一了中国华北地区，这时候的中国进入了南北朝时期。

五胡

匈奴：一部分匈奴在中国进入隋唐时期之后慢慢融入了中原文化之中，另一部分迁居欧洲。

羯：羯在后赵灭亡之后被清除了一大部分，并在晋朝时期被彻底灭族。

鲜卑：北方大统之后，鲜卑竭力推行汉族文化，使民族融合的进程加快。

唐朝时期，鲜卑完全融入汉族。

羌、氐：部分羌、氐人融入汉族，没有融入汉族的几支则分别建立了吐蕃王国和南诏国。

十六国

汉（前赵）：公元 304 年，刘渊自立为帝，建立刘汉政权。统治的地区有河北、山西、河南以及陕西的一部分地区。刘渊死后由刘聪即位。刘聪在位期间，西晋被消灭。刘聪身后，刘曜夺权，并改国号为赵。刘汉政权建立之初在国家统治层面一直实行胡汉分治，关中地区的汉人推行的是儒家统治。虽然有很多的胡人迁居到了中原，但是刘汉政权并没有积极吸收关中地区的文化。公元 329 年，前赵被后赵消灭。

后赵：由原本的前赵大将石勒建立，石勒是羯族人。公元 319 年，石勒称王。公元 329 年，石勒率兵打败了前赵王朝，之后称帝。石勒死后，石虎夺位。石虎性情残暴，在他的统治下，汉人与少数民族之间的矛盾更加尖锐，这为后赵灭亡埋下了祸根，公元 351 年，冉闵造反，后赵灭亡。

成汉：这是一个特殊的团体——流民政权。成汉流民政权由蜀中巴氐族人李特建立。后李特战死，其子李雄即位并称王。公元 306 年，李雄称帝。李雄宽厚仁和，在位 30 年社会安定团结、战事少，人民安居乐业。公元 388 年，皇位由李雄的侄子李寿继承，国号被改为汉。公元 347 年，成汉政权在与东晋桓温的对战中失败，国亡。

前凉：由汉族张茂建立，名义上接受了东晋的封赐，实际上由于地理位置原因就是一个名符其实的割据政权。经过与刘曜、石虎等各方面的对战，前凉政权昌盛一时。最盛时，前凉的疆土覆盖了甘肃、新疆、内蒙古、青海的部分地区。公元 376 年，前凉被前秦苻坚消灭。不过，前凉是十六国中维持时间最长的一个国家，立国 57 年，共传 4 世 8 主。

后凉：由氐族贵族建立，建立者是原前秦苻坚帐下的大将。淝水之战后，前秦帝国走向衰弱，吕光趁机占据了甘肃、宁夏、青海、新疆的部分地区。公元 399 年，吕光死，吕绍即位。经历了吕纂、吕隆两次夺权政变，后凉的国力消耗殆尽。公元 403 年，后凉不堪后秦、南凉、北凉等多国的逼迫，投降了后秦，国灭。

南凉：建立南凉的是鲜卑秃发部落秃发乌孤，南凉的控制区域主要是在青海、甘肃西部和宁夏部分。南凉并不是凭借南征北战而获得疆土，而是通过依附后凉才崛起。秃发乌孤在聚集了足够的势力之后宣布脱离后凉统治，自称平西王。秃发乌孤死后，他的弟弟秃发利鹿孤即位。南凉地处偏远地区，农牧业生产困难重重，后来便在连年的征战中国力渐弱，最后被西秦所灭。

北凉：北凉政权同南凉相似，都是从后凉分裂出来的小政权，由匈奴沮蒙部建立。公元 399 年，沮渠蒙逊遂建立北凉，后来北凉政权被北魏消灭。

西凉：版图包含甘肃酒泉和敦煌地区，西凉是汉族人建立的另一个政权，自从建国便与北凉冲突不断，最后被北凉消灭。

前燕：由辽东鲜卑族慕容氏建立。公元 369 年，前燕贵族内部矛盾愈演愈烈，于是贵族慕容垂投奔了前秦。之后慕容垂在前秦的支持下攻陷了前燕。

后燕：前燕被灭后，鲜卑贵族慕容垂建立了后燕。淝水之战后，慕容垂从前秦内部分裂出来自立为王，并且反过来进攻前秦。之后，前燕在与东晋北伐军对战后取胜从而获得了中国北方的大部分地区。公元 386 年，慕容垂称帝。后燕被北魏政府消灭。

南燕：后燕灭亡后，鲜卑族慕容德建立南燕，主要控制河南、山东的部分地带。公元 405 年，慕容德去世，慕容超即位。慕容超是慕容德的侄子，算不上一位好皇帝。慕容超在位期间，徭役繁重的百姓生活十分困苦。南燕最终灭于北伐军刘裕之手。

北燕：北燕的建立者是后燕的大将冯跋，主要管辖辽东一带。冯跋接受了南燕灭亡的教训，在位时，他努力废除前燕遗留的各种问题，人民的生活相对安定。但是，这种安定的局势只是暂时的，北燕自建国之初就遭到北魏政权的不断侵扰，最终被北魏所消灭。末主冯弘不得不出逃到了高丽。

前秦：前秦由氐族苻健所建，在苻坚统治时期达到鼎盛，国运持续了 44 年。公元 351 年，苻健称王建秦。公元 354 年，东晋桓温北伐攻秦，秦在苻健的正确领导下取得了此战的胜利。苻健死后，其子苻生即位。但是苻生此人天生残暴无度，于是苻坚杀死了他成为前秦的领导者。苻坚统治期间，前秦国内安定，经济发展迅速，很快就拥有了讨伐其他国家的实力。后来，前秦不断征讨北方的割据势力并且统一了中国北方地区。不过，经过淝水大战之后，前秦的实力一下子就土崩瓦解，北方割据势力再次纷纷崛起。不久之后，苻坚被杀，前秦帝国走到尽头。

后秦：羌族姚苌杀死了前秦帝王苻坚建立了后秦。公元384年，姚苌自称秦王并于第二年杀掉苻坚自立为帝。后秦控制的主要区域是陕西、甘肃、河南一带。公元417年，后秦帝国在东晋刘裕的讨伐中灭亡。

西秦：由鲜卑族乞伏国仁建立。乞伏国仁原本是前秦苻坚手下的一员大将。公元385年，乞伏国仁自立为王建立西秦。公元388年，乞伏国仁去世，他的弟弟河南王乞伏乾归即位，在位期间占据了陇西，第二年乞伏乾归改称秦王。公元412年，乞伏炽磐登基，在公元414年消灭了南凉之后改称秦王。公元428年，乞伏炽磐之子乞伏暮末即位。乞伏暮末统治残暴，滥施刑罚，使得民怨丛生、社会矛盾尖锐。之后乞伏暮末打算依附北魏朝廷未果。公元431年，夏军攻打西秦，子乞伏暮摇尾乞怜，归降夏国，自此，西秦灭亡。

夏国：夏国的建立者赫连勃勃原是后秦的一名将军，匈奴人。公元407年，赫连勃勃脱离后秦的掌握自立为王，趁着刘裕与后秦战后防卫空虚而拿下了长安城。公元418年，赫连勃勃称帝。虽然夏国的军事实力强劲，但是却因为残暴的政治政策而使政局不稳。公元428年，北魏攻陷了上邦（今甘肃天水），俘虏了赫连勃勃的儿子赫连昌。之后，赫连定逃至平凉称帝。公元431年，赫连定在与北凉的战役中被抓，夏国灭亡。

北魏统一北方

北魏由鲜卑族拓跋氏建立。原本的拓跋部在鲜卑族中也是比较落后的，并且遭到汉族地主的一致蔑视。早在魏晋之前，主要经营畜牧业的拓跋部四处迁徙，过着游牧的生活，直到拓跋力微时期才出现了部落联盟组织。

公元261年，拓跋力微正式和中原建交。当时的中原正处于曹魏陈留王统治时期。建立政治关系之后，拓跋部与中原经济往来十分密切，并逐渐吸收了汉人的文化，学习汉族人在政治军事等各方面的管理规范。到了拓跋禄官时期，原本统一的部落分为三支，分别由不同的首领统治，拓跋部曾经打败了乌桓族和匈奴，整个部族迈向对外扩张的新阶段。

但是相对来说，还是中原的发展比较快一些。中原地带气候适宜作物生长，人口密集，文化发展程度高，但是战乱不断。战争中，如果中原的枭雄们凭借手中的力量无法取得胜利，他们就可能会选择利用各地的少数民族武装推动战事发展。西晋统治后期，刘渊发动叛乱并逐渐建立了一个强大的刘汉政权，西晋并州刺史就利用拓跋族与刘渊对抗。

后来，又有其他中原势力想要争取拓跋族的支持，为此他们给了拓跋氏高官厚禄，已经统一的拓跋氏也得到了入驻中原的机会。生活方式的改变会导致社会结构等方面的变化，拓跋氏放弃了游牧迁徙的生活，围绕平城（今山西大同）和盛乐（今内蒙古和林格尔）等地建立起政治中心，开始了半定居的生活，整个部族的社会性质随之发生改变。融合了汉文化的拓跋氏社会内部首次出现了法律和官吏，国家雏形初现。经过汉人的指导，拓跋统治者还学会了农耕和资源生产，重用知识分子和汉族地主等。西晋的一些流民也被吸纳进入拓跋内部，这大大促进了部落的发展。

但是，不断发展壮大的拓跋部落，在拓跋猗卢被杀之后部落再次陷入了分裂。混乱的局面一直到拓跋什翼犍时期，拓跋部落才终于再次崛起。这时候的拓跋国家相关机构相对完善，贫富和阶级差距也相当明显，对外则不断发动战争进行侵略和掠夺，基本已经看不到原本游民部落的样子。公元338年，拓跋什翼犍即位成为代国（西晋时鲜卑索头部首领拓跋猗卢建立的北方少数民族政权，即北魏前身）的君主，而逐渐强大的少数民族政权多是其他军事力量讨伐的对象。公元376年，前秦苻坚攻打代国，代国不敌，国灭。

公元383年，前秦苻坚在淝水之战中大败，前秦内部一片混乱，各少数民族的贵族纷纷宣布摆脱前秦的统治建立起新的政权，当时拓跋部落的拓跋珪也乘着帝国混乱召集部族揭竿而起。拓跋珪就是北魏的开国皇帝。

拓跋珪，鲜卑族，又名拓跋开、拓跋什翼圭、拓跋翼圭。公元385年，拓跋珪险遭杀身之祸，幸得多人相助才逃离劫难。公元386年，年仅15岁的拓跋珪获得了大量部落的支持，在部落会议中即位成为代王，迁都盛乐（今内蒙古呼和浩特），打算重振拓跋氏江山。拓跋珪是一位很有领袖能力的英才，他知道刚刚复兴的代国不应该冒进，而是需要一段时间的休养。所幸，拓跋珪懂得任用贤才，鼓励发展农业，关心人民疾苦，代国在他的治理下有条不紊地积攒着实力。

公元386年4月，拓跋珪改国号为魏，自称魏王。

北魏初建，免不了受到来自周围强国的窥伺。从地理位置上来看，北魏东侧有库莫奚、南是独孤、西是匈奴、北有贺兰，还有阴山、太行山等地的各族势力，形势不容乐观。同时，拓跋珪还要面对内部拓跋氏族的威胁。拓跋珪的叔父拓跋窟咄一直有篡位之心，不料，他勾结刘显等人谋反的事情被拓跋珪知晓。

公元386年10月，拓跋珪联合后燕打败拓跋窟咄，之后拓跋窟咄想要投靠匈奴铁弗部，却被铁弗部首领杀死。公元387年，拓跋珪再次在后燕的帮助下剿灭了刘显，刘显无奈只得跑到西燕。从公元388年到公元391年，拓跋珪南征北战，黄河以南的各个部族全部归降了北魏，北魏实力大增。

与北魏同一年建立的还有后燕。当初后燕实力较强，于是拓跋珪与后燕交好。公元391年，后燕和北魏因为贺兰部内乱事件关系一度僵化，拓跋珪转而联手西燕。公元394年，后燕皇帝慕容垂出兵攻打西燕，拓跋珪派兵援救西燕未果。这一战之后，华北地区只剩下北魏与后燕两个强国，华北争霸战一触即发。

公元395年，北魏拓跋珪举兵进犯后燕，当年5月，后燕慕容垂即发大军讨伐北魏，拓跋珪带领众人跑到河西地区躲避开战。于是后燕大军缴获了大批魏国人员物资，并开始造船打算渡河一举歼灭拓跋珪。拓跋珪部在河边扎营，与后燕军队隔岸对峙。面对后燕大军威胁，拓跋珪没有选择直接对抗，他派出一支队伍拦住燕军与后燕都城之间的路，切断大军对王城的联系并抓住了后燕使者，同时向后秦求援。

拓跋珪利用燕国使臣向后燕军中散播皇帝死亡的消息，燕国军队内部果然发生了骚动，军队首领决定撤兵，却没有想到被拓跋珪大军击败于参合陂（今内蒙古凉城）。战后，拓跋珪坑杀了全部燕兵，具有一定才能的官员被留下，其余的被送回了后燕。参合陂之战致使后燕距离灭亡更近了一步。

公元396年，慕容垂亲自率兵攻打北魏，一度攻陷平成直逼北魏都城。

此时，北魏内部也因为大将战死的关系出现了异心者，拓跋珪一时间不知如何是好。谁也没想到，慕容垂在到达参合陂时因看到大量的燕军尸体而病发，没过多久就死在了上谷（今河北怀来）。公元396年8月，拓跋珪起兵攻打燕国，公元397年，北魏占领后燕都城中山（今河北定州）。吞并燕国之后，北魏军又相继消灭了盘踞在北方的一些少数民族政权，北方归于一统。公元398年，拓跋珪正式称帝，改元天兴。

◀ 局势分析 ▶

五胡十六国时期，中国北方处于长期的割据分裂中，但最后却能归于北魏，不得不说这是由其割据政权的特殊性决定的。

与其他历史时期的分裂局面相比，十六国时期的中国北方先后出现了20多个不同的政权，这些政权的共同点是——胡族贵族为主体。古代中国北方地区少数民族聚集、部落颇多，胡族贵族则很好地利用了这些不同部落之间的民族矛盾，不断加强割据势力。为了扩张，这些贵族政权进行混战。战争中，一些实力强大的贵族被消灭就此失去了割据的能力和条件，而这恰恰为北魏统一北方提供了难得的好机会。

◀ 说点局外事 ▶

坑杀

坑杀是中国古代战争中处理敌军俘虏的一种方法，名为"坑杀"，实际上并不一定就是指活埋。古书中，常常会描述战后将敌人尸体堆积成山的景象。一些现代人因此望文生义，常常以为坑杀就是活埋的意思。

为什么中国古代会出现坑杀这种现象呢？古代战争中没有先进的武器和设备，往往是人数多的一方获胜。所以战后的降将士兵可能会出现数以万计的情况，一些国家无法接纳如此多的人口，这对军队供给和国家运作来说都是沉重的负担。但是如果将这些人释放回国，就相当于为敌人保留了兵力。放虎归山，必有后患。如果将他们吸纳进本国的军队，这些人又有可能在关键的时刻倒戈投降。所以，在这种情况下，有的将领就选择了坑杀。

这样看起来，坑杀似乎并不是什么违反常理的事情。不过，在中国历史上，无不将坑杀士卒平民这一行径列为不可饶恕的暴行，而爱护兵士和百姓的生命则是一件可以积累功德的事情。有些学者认为，晋朝并没有什么作为，但是不轻易滥杀无辜却使得晋朝得以延续了两百多年。

刘宋王朝覆灭

公元 420 年，功勋卓著的刘裕代晋建宋，史称宋武帝。自此，南朝正式登上历史舞台。登基之后两年，刘裕离世。此后，南朝宋内部围绕皇位引发的惨剧频频上演。其实在古代，皇室内部争权夺位的现象时有发生。为了皇位和权利，皇族之间不惜父子反目、手足相残，只不过南朝宋的皇位之争显得愈加残酷。

南朝宋武帝刘裕去世，由太子刘义符继承帝位，史称宋少帝。但是，刘义符是个贪图玩乐之人，根本不理朝政，而是整日沉溺于游戏之中无法自拔，引得群臣众人十分不满。南朝宋建立初期，根基不稳，宋少帝刘义符很快就被辅政大臣废黜，拥立当时的荆州刺史刘义隆为新帝，国号元嘉，刘义隆即宋文帝。公元 426 年，刘义隆以大臣擅行废立皇帝之名杀掉了辅政大臣徐羡之，掌握了国家权力，之后又因为自小身体羸弱而将权柄下移到弟弟刘义康手中。

与刘义隆不同，刘义康执政尽显其残暴之性，甚至杀了有功大将檀道济。

檀道济可谓一代名将。公元 430 年，南朝宋文帝派兵北伐失利，宋军连续丢失了几座重要的城池，被北魏大军杀得慌忙南逃、狼狈不堪。危急时刻檀道济带领军队展开救援，檀道济巧用计策迷惑魏军，吓得魏军放弃追杀，宋军才得以安全返回。刘义康杀了有功之臣，这无疑是自掘坟墓之举。公元 440 年，南朝宋文帝刘义隆收回了刘义康手中的全部权利，后来又杀了他。南朝宋文帝统治期间，国内相对安定，而真正拉开刘宋宗室相争序幕的，是宋文帝的儿子刘劭。

刘义隆在位期间继续推行先帝刘裕的治国方针，如发展农业、清理户籍、减租减税等等，这些措施极大促进了国内经济和文化的发展，百姓安居乐业，史称"元嘉之治"。军事方面，刘义隆曾派兵北伐，未果。

短暂的安定被皇室政变打破。宋文帝十分钟爱太子刘劭，二人之间并没有矛盾，但是刘劭急于坐上龙椅。利欲熏心的刘劭不敢轻举妄动，便偏听迷信之说诅咒刘义隆早死。事情败露，刘义隆悲愤交加地训斥了刘劭的无道之举，却没有提出更深的责罚。但是很快，南朝宋文帝就得知太子根本没有悔改之意，于是心中动了废黜太子的念头，而听到了风声的刘劭则立即着手发动了政变。

公元 453 年，刘劭用假诏书骗过守城护卫带兵闯进了皇宫，此时的宋文帝正在和亲信研究废立太子之事。刘劭的手下东宫张超进殿之后话不多说就砍死了宋文帝，大臣们则遭到软禁。随后，刘劭下诏命百官前来朝觐，而最终到达殿上的只有几十人，很多人听说了太子政变根本不愿前来。心急如焚的刘劭也顾不得那么多了，随即在几十名官员不情愿的"拥立"下登上了皇位。

总算梦想成真的刘劭登基时大肆杀戮，清除异己，刘氏宗亲血流成河。好景不长，刘劭的政变和残暴的统治触犯了众怒，三皇子武陵王刘骏率先举兵声讨刘劭，全国各地响应号召联合反抗刘劭。武陵王还在新亭（今江苏南京）自立为帝，史称孝武帝。政变之后三个月，刘劭在各方的讨伐下兵败，刘劭全家被杀，无一幸免。

太子之变刚刚结束，孝武帝刘骏就开始使用与刘劭相同的手段排除反对者。平南王刘铄、叔父刘义宣全家以及武昌王刘浑均被杀死。刘骏如此残杀宗室引得皇室之中人人自危。陵王刘诞原本与刘骏关系很好，但是看到孝武帝的行径也心生恐惧。于是刘诞暗中准备了精兵和武器以防将来遭遇不测。

世上没有不透风的墙。公元 459 年，刘骏接到刘诞谋反的消息就派人到刘诞的住处抓人，刘诞深知已经没有退路，于是关上广陵的城门宣布造反。孝武帝派兵强攻了长陵几个月才破门杀死刘诞，这让刘骏十分恼羞成怒。为了泄愤，暴虐的刘骏让军队在城中犯下了滔天罪行。公元 461 年，雍州刺史海陵王刘休茂也打算扯旗造反，不过还没成事便被地方军杀死。

孝武帝刘骏死后，太子刘子业即位，史称前废帝。前废帝也是中国历史上有名的暴君。只因为劝诫了几句，老臣沈庆之全家便惨遭灭门；刘子鸾因得父亲宠爱就被逼自尽；刘子业怀疑叔祖谋反，便杀了他一家几十口。诸如此类，不胜枚举。前废帝的残暴使身边的人都无法忍受，最后他被身边的侍卫杀死于华林园。人们刚刚因为暴君的死亡而松一口气，才发现新即位的后废帝刘昱虽然年纪尚小但是已经显现出暴虐的本性。刘昱的行为根本不像出生于贵族之家的皇子，缺乏教养。更令人无法忍受的是，刘昱有个射杀活人的奇怪癖好，大将萧道成因此差点被杀害。萧道成因此怀恨在心，着手废黜这个暴虐的小皇帝。

公元 479 年，萧道成设计逼迫刘宋的末帝让位于他，建立起南朝齐。长时间互相残杀的刘宋王朝彻底灭亡。

局势分析

刘宋王朝权利更替十分频繁，皇室内部为了皇位自相残杀。不过，刘氏只顾着宗室内的明争暗夺，根本没有想到这给外姓人留下了可趁之机。萧道成原本是南朝宋的一员普通大将，值得称道的是，在极度黑暗的刘宋政权统治下，萧道成在骁勇善战同时还能察言观色、洁身自保，这一性格特征让他在政治权利争斗中笑到了最后。

萧道成，字绍伯，汉族人，齐朝开国皇帝，在位四年，史称齐高帝。公元 465 年，宋明帝即位，随即刘宋王朝内部叛乱不断，而萧道成作为大将负责平乱，四方诸侯叛乱均被镇压。萧道成评判有功，战后得到宋明帝重用。叛乱平息之后，宋明帝的统治日益残暴，萧道成手握重兵，成了宋明帝的心头之患。聪明的萧道成揣测出了皇帝的心理，于是在上京那日未带一兵一卒，以此打消了宋明帝的忧虑，成功地做到了明哲保身。

公元 473 年宋明帝离世，萧道成再次被起用。在后来的新亭大战中，萧道成不负众望再次平息了叛乱。这一战之后，萧道成进入国家中枢组织的行列，逐渐掌握了朝廷大权。随后，他开始不断排除异己为将来的发展铺平道路。

可以说，萧道成是一位颇有政治和军事头脑的人。时值刘宋政权气数已尽，萧道成推翻旧朝建立新朝也就是顺理成章的事情了。

说点局外事

少帝刘义符之死

少帝刘义符天生喜好玩乐，国家大事从不放在心里。刘裕死后，刘义符也没有做太多表示。即位后，他整天游手好闲，没有教养，只懂得变着花样玩耍游戏。朝廷大臣的话他根本就听不进去。后来，魏军进犯，全国上下人心惶惶，而这位小皇帝仍然每日嬉戏玩耍，不去想治国之策。

其实刘裕临终前，将少帝刘义符托付给了檀道济、徐羡之、谢晦和傅亮等忠心耿耿的重臣。几人受命，对刘裕的信任感激涕零并竭力辅佐少帝，丝毫没有谋逆之心。只不过，少帝刘义符的表现实在是令人失望。几位朝廷大员很快发现，即使他们不惜辛苦、呕心沥血，刘义符这个小皇帝也会将上一辈的基业葬送殆尽。内忧外患，国家面临灭亡的危险。

于是檀道济等人开始谋划废黜刘义符，另立新帝。经过准备，徐羡之等人派兵趁着刘义符酒醉不清的时候刺杀他，刘义符抵抗无果，最终死在了邢安泰的手上。

北魏孝文帝改革

经过拓跋氏族的苦心经营，北魏终于入主中原地带。经历了数位皇帝的辛苦经营与建设，北魏终于在公元 439 年统一了中国北方地区，并逐渐具有了与南朝对峙的强大实力。从晋朝末年的混乱开始，南、北方的军事实力一直是不分伯仲的。到了北魏孝文帝时期，皇帝开始大刀阔斧地实行改革，从而缩短了南、北方在经济和文化方面的差距。

北魏太武帝离世后，朝廷内部日渐腐败，民族矛盾激化。公元 471 年，孝文帝即位。中国历史上，孝文帝是一位十分有作为的皇帝。

孝文帝，姓拓跋，名宏，是北魏的第六位皇帝。孝文帝即位后，迁都洛阳，并在政治文化方面吸收了中原文化，进行了一系列的改革。

迁都之前，北魏的都城是平城（今山西大同）。平城地区的人口众多，但是农业发展却十分落后。平城内的人口大致划分为四大部分：几十万鲜卑人，大量迁移而来的汉族，北魏在战争中俘获的胡族人，另外还有大量流民栖身。

从地理位置上来看，平城处于偏北地区，气候寒冷，时有风沙侵袭。由于人口众多，人们大肆开发破坏自然环境，导致平城地区旱灾、水灾频发，农业生产无法顺利进行。如此贫瘠的地区要养活数量如此庞大的人口实在勉强，平城内经常发生饥荒，朝廷为此伤透了脑筋。早在北魏明元帝拓跋嗣时期，就有人提出迁都邺城建议。

从民族矛盾方面来看，在平城生活的民族很多，生活方式也各不相同且无法统一。如果北魏想要建立一个中国北方的正统政权，就必须改变现有的制度和旧的生活习惯。从这个角度考虑，迁都之事也不能再拖延。

公元487年，平城再遇大旱灾。考虑到粮食和民族矛盾问题，孝文帝最终做出了迁都中原的决定。迁都是件大事，当时北魏迁都有两个地方可以选择：洛阳和邺城。对比洛阳和邺城，邺城地理环境优越、水路交通发达，但定都洛阳更利于统一大业。具体来说，邺城是曹魏时期的五都之一，定都邺城有助于北魏控制山东与河北地区。一开始，孝文帝比较倾向于将新都定于邺城。但洛阳位于洛水以北，黄河以南，处于北魏的中心地带，经济文化十分发达。可以说，洛阳是华夏正统的象征。孝文帝希望可以通过吸收汉族文化改变鲜卑族的旧有制度和习惯。于是经过再三考虑，他决定迁都洛阳。

公元494年，北魏孝文帝放出迁都洛阳的消息。大部分鲜卑人无法理解和接受这个决定。对他们来说，迁都洛阳等同于要放弃世世代代流传下来的生活方式，远离他们的家乡。自然，很多人提出了反对意见。孝文帝的目光长远，他用皇权压制住了国内的反对之声，之后下诏迁都。

迁都之后，一些鲜卑族的大人物因不满情绪发动武装暴动，孝文帝对此毫不姑息，严惩了叛乱者。叛乱平息后，孝文帝也在一定程度上放宽了政策，允许一些旧贵族和部落酋长秋天移居洛阳。对当时的中国来说，迁都是一个大工程。北魏旧都数十万人涌入洛阳，问题也接踵而来。于是孝文帝开始从社会的各个方面着手推行汉化。

总的来说，北魏孝文帝改革可以分为几大方面。

想要国家快速发展首先要整顿朝纲，因此孝文帝改革从整顿吏治开始。按照北魏初年的规定，地方守宰是没有俸禄的。公元484年开始，"班禄"制度开始实行。"班禄"制指的是为官吏发放俸禄的一种制度。北魏前期长期不发放俸禄，清廉的官员生活十分贫苦，这就大大刺激了朝廷内部的贪污腐败。

面对"班禄"改革，淮陵王提出了反对意见，听取大臣意见的冯太后最后力排众议，决定改行"班禄"制度。对于贪赃者，只要在实行"班禄"制度之后赃物满一匹的，即处死。当年，因为贪污受贿而丢了性命的官员就有40余人。虽然发放俸禄也无法彻底清除官场的贪污之风，但是北魏孝文帝利用"班禄"制度整顿了朝廷内部，这十分有利于树立威望和巩固国家统治。

孝文帝改革还提出了具有一定历史进步性的三长制。三长制规定：五家为邻，设一邻长；五邻为里，设一里长；五里为党，设一党长。三长制与均田制相辅而行，三长的职责是检查户口，征收租调，征发兵役与徭役。三长制有助于统治阶级控制人民。

公元486年，北魏原本的宗主督护制被废除，三长制开始实行。与宗主督护制相比，三长制取消了地主豪强在控制户口方面的权利，即国家可以获得更多具有耕种和缴税能力的农民。三长制的实行，确实地促进了北魏经济的恢复和发展，成为后世学习借鉴的模板。

公元485年，北魏实行土地改革，推行均田制。均田制的提出者是李安世。当时的中国北方经过多年的战乱，田地被废弃，流民人数众多。同时一些地主豪强抢占具有耕种能力的人口聚敛财富，这就使国家实力逐渐微弱而豪强势力愈发庞大。历史事实证明，一个国家实际控制的农民越多，国家发展越是有保障。均田制让农民获得了土地，不再受制于土豪地主，同时国家向农户征收赋税，并要求人民服役。均田制巩固了封建王朝的统治，一直被各朝皇帝沿用至唐中期才废除。但是从另一个角度来说，均田令中规定农民必须进行土地劳作，这其实是对人民的剥削。

鲜卑人本是游牧民族，拥有自己民族的风俗习惯。在性格、饮食、着装、节日等很多方面都与中原地区大相径庭。入住中原后，如果依然沿用旧的民俗必定无法控制中原地区并成为正统政权。公元493年，北魏孝文帝亲自带人南下达到洛阳，之后宣布推行汉化的法令，如改说汉语、改穿汉族服饰、鼓励与汉人通婚等等。为了做出表率，孝文帝为弟弟迎娶汉族妻子，甚至自己也改用汉人姓氏——元。在士族方面，孝文帝改革借鉴了魏晋的门阀制度；政体上，大量采用西晋时期的制度。礼制上，也由鲜卑族的西郊祭天改成了在南郊设圜丘祭天，在方泽祭地。

推行汉化这一举措有效保障了鲜卑人在汉人聚集区的特权地位，使得北魏王朝的统治进一步加强。

局势分析

北魏原本的都城设在平城，军事实力强大的北魏内部矛盾却随着人口的增加日渐突出，这其实显示出了少数民族在政权统治方面的局限性。孝文帝看出了国家内部矛盾的根源所在，于是果断地决定迁都中原地区，其主要目的在于巩固并维护北魏的长期统治。

实际上，迁都洛阳也是北魏孝文帝改革的一项重要举措，而汉化制度的推行促进了鲜卑族进一步的封建化。统一的文化可以有效减小国家内部民族分裂的危险，孝文帝大刀阔斧的改革举动是之前五胡十六国的统治者们不敢想象的，甚至令后来的少数民族王朝望洋兴叹。

可以说，孝文帝改革是北魏汉化的加速阶段，改革的最大成果是大大促进了民族融合，迁都洛阳则是促进改革的关键因素之一。古代中国距离大一统时代的来临越来越近了。

说点局外事

文明太后和孝文帝改革

文明太后冯氏在北魏孝文帝改革期间起到了十分重要的作用。

冯太后11岁的时候就进入了北魏皇室的中心，在目睹了残酷的皇室竞争之后，冯氏成长为一个坚强、果敢又睿智的女性。由于皇室内部的混战，冯太后不经意间就拥有了很高的权利。

文成帝时期，夫妻的感情很好，文成帝的作为对冯太后产生了十分深远的影响。文成帝在位期间积极提拔汉人官吏，推行汉化政策。后来，文成帝的这些举措还影响到了孝文帝。文成帝英年早逝，太子拓跋弘即位，冯太后垂帘听政。然而拓跋弘承受压力的能力不高，重新拿到皇权之后仍然感到十分压抑，于是醉心于佛法不再料理朝政之事。

冯太后对此毫无办法，经过商议，大家同意由5岁的拓跋宏即位，拓跋弘成为太上皇。拓跋宏就是后来的孝文帝。

孝文帝性情至好，冯太后对他也由先前的疑虑变成后来的尽力扶植。冯太后极力推行汉化，主张发展文化教育，她的治国方略影响到了年轻的孝文帝，并在孝文帝改革期间做出了重大的贡献。公元490年，冯太后去世，孝文帝十分悲伤。

南齐灭亡

南齐由刘宋王朝末期将领萧道成建立，南齐即南朝齐。南朝齐是个短命的朝代，在中国南朝的历史上只存在了23年便宣告灭亡。公元479年，萧道成逼南朝宋的末代皇帝让位于他。20几年后，戏剧性的一幕再次上演，萧衍迫使齐和帝禅位，建立起梁，南齐退出历史舞台。

齐高帝萧道成统治南朝齐期间，社会相对安定。萧道成吸取了宋灭亡的经验，厉行节俭，爱护同宗且与北方交好，为百姓营造了一个良好的休养生息的环境，因此内乱也很少。在社会的各个方面都能看到齐高帝反对奢华浪费的治国之风。他说过："使我治天下十年，当使黄金与土同价。"由此可见萧道成对节俭之风的崇尚。萧道成离世前叮嘱太子萧赜不要忘记刘宋王朝覆灭的教训，切不可变成一位残暴的、手足相残的皇帝。

萧赜史称齐武帝，是齐高帝的长子，深得萧道成喜爱。

公元485年，唐寓之在新城一带发动起义并于第二年自立为帝，齐武帝听闻急忙派兵讨伐叛乱。唐寓之的部队缺乏迎战官军的准备又缺少实战经验，很快就被击溃。唐寓之的叛乱被平定后，国内的庶族地主继续进行反检籍（户籍核查）运动，最终导致南齐放弃了"却籍"（南朝齐对检出的伪冒户籍）制度。

萧赜统治期间，除了朝外叛乱，王朝内部也出现了一些问题。

萧赜的第四个儿子巴东王萧子响精于军事，善于骑射，而且拥有十分惊人的力量。萧子响为自己设精干的侍从60名，并且经常在府邸款待他们。另外，萧子响还私下结交蛮族换取武器扩充军事力量。后来，萧子响的作为被朝中官员告发，齐武帝便命人追查此事。萧子响听说齐武帝下诏却未看到诏书，于是召集相关人员盘问事情始末。不料朝廷大员们坚守秘密不肯说明，于是萧子响盛怒之下杀了他们。这下子，齐武帝真的认为萧子响打算叛变，就命令戴僧静率兵讨伐巴东王。

戴僧静对齐武帝出兵的举动存有异议，就直接报告武帝说萧子响并无大罪因此他不敢受命。齐武帝觉得戴僧静的话有道理，于是下诏表示只要萧子响肯主动认罪就不会置他于死地。

萧子响本无意抗拒朝廷，无奈身边聚集了一群穷凶极恶之辈。他想要赶回建康请罪却无法如愿，后来被萧顺之杀害。此事就此告一段落。

公元493年，齐武帝患上了重病，他知道大限快到但是仍然坚持处理朝政。齐武帝没有想到的是，年轻的文惠太子竟然先他一步离开人世。太子去世后，太子的长子萧昭业被立为皇太孙。萧昭业长相出众、待人接物彬彬有礼，只是因为常年居于深宫之中不懂国家大事。相比之下，萧子良处理政务多年具有丰富的经验，但是一旦传位于次子便坏了祖宗规矩。考虑再三，最后齐武帝还是决定将皇位传给萧昭业。

没过多久，齐武帝的病情恶化。公元493年7月，齐武帝萧赜病逝，终年54岁。

齐武帝萧赜算得上一位开明的君主。在位期间，萧赜重视教育和文化，曾下令兴办学校提高人们的修养，大赦囚犯并于灾年中开仓放粮赈济灾民。萧赜谨遵了父亲萧道成的遗训，在一定程度上保证了国家的安定团结和经济的发展。

从萧昭业掌权开始，南齐的统治开始瓦解。萧昭业不谙世事，齐武帝刚刚去世就找来宫中的乐队尽情歌舞。齐武帝发丧当日，萧昭业百般推辞，借口回宫而不愿为先帝发丧。然而回到皇宫，他又立刻招来乐队歌舞。登基后的萧昭业更是荒淫无度，每日饮酒作乐，大肆挥霍。

新帝整日不理朝政，同宗的萧坦之等人开始暗中归附西昌侯萧鸾另谋出路。公元494年，萧鸾率兵闯入皇宫，正与后宫饮酒寻欢的萧昭业一听急忙派人关上了宫门。不过，他没有想到近身的侍卫也参与了谋反，于是就想到要自尽。可笑的是，萧昭业由于先前饮酒过度而且心中十分害怕竟然没有没有成功。之后，他被抬出殿外杀掉了。

政变后，萧鸾以太后的名义废黜萧昭业并迎立萧昭文为新帝。萧昭文是萧昭业的弟弟，所以不到4个月萧鸾就再次废黜并杀害了萧昭文，之后自立为帝，史称齐明帝。萧鸾是个虚伪矫饰之人，虽然对外要求节俭，但其宫中却是华丽异常。称帝后，萧鸾采取了一系列的措施把权力集中到皇帝手中，同时，诸侯王受到严密的监视，宗室子弟遭到屠杀。晚年的萧鸾则十分尊崇道术，迷信厌胜（即以诅咒或其他迷信方式伤害他人，是巫术一种）之法。萧鸾在位短短4年，于公元498年病逝。

萧宝卷是齐明帝萧鸾的第二个儿子，南朝齐的第六位皇帝，性格昏暴，也是中国历史上一位著名的荒唐皇帝。在位3年，爱好玩乐的萧宝卷无所不用其极：杀害朝中官员，每次出行都要拆毁百姓的房屋建造新的行宫，平日生活也是奢侈浪费。

没过多久，萧衍就带兵攻向建康打算为被萧宝卷毒杀的兄长萧懿报仇。公元500年12月，萧衍大军攻入皇宫，萧宝卷在混乱中被杀死。第二年，萧衍在逼迫齐和帝萧宝融让位之后称帝，建立南朝梁，南朝齐灭亡。

局势分析

在南朝齐的近20年国祚中，政权更换十分频繁，而且只有在齐高帝萧道成和他的儿子齐武帝萧赜统治期间经历了一段安定和平的日子。

大多出身并不高的南朝皇帝主要依靠军事力量发动政变夺取皇位，手下也有很多寒门士人执掌军政要务。但是寒人掌机要也有一定的弊端，那就是这些人可以接近皇室，干扰皇帝的决断甚至扰乱朝纲。

南朝齐的建立者萧道成通过发动政变推翻了刘宋政权，但是齐的政治根基并不是十分稳固。齐中后期皇帝的昏庸残暴，加上朝中有些寒门士人掌权作乱，这些因素综合起来很快将齐国带上了毁灭的道路。

说点局外事

南朝文学

南齐永明年间的文化发展速度较快，大量诗歌作家创作了不少脍炙人口的作品，文学界十分繁荣。

文化的繁荣首先依赖于政治的稳定。萧赜自幼跟随父亲南征北战，做过很长时间的地方官吏，在统治国家和人民方面有着相当丰富的经验。永明年间，社会经济相对稳定。史称永明之治。安稳的政局来源于萧赜采取了缓和各个阶级之间矛盾的措施。作家们有了一定的物质基础，就有了潜心研究文学作品的条件。

另外，南朝的统治阶层对文学的发展十分重视，这为诗歌的繁荣创造了极好的条件。公元440年，宋文帝下令建立了文学馆，文学逐渐作为一个独立的学科而存在，不再与经史一体。

永明年间，出现了几个比较大的文学团体，其中以萧子良集团影响最大。萧子良集团中多出"永明体"诗人。所谓永明体，是区别于之前"古体诗"的一种新的诗体。"永明体"在中国文学史上占有重要的地位，它的出现标志着古体诗的结束，预示着近体诗的出现。这对于纠正晋宋以来诗歌语言过于艰涩，起到了积极的创新与推动作用，对"近体诗"的形成产生了重大影响。

六镇兵变

北魏孝文帝改革使得北魏的政治经济等方面的实力都得到提升，从而使北魏王朝进入极盛时期。但是孝文帝迁都改革等措施刺激了胡汉之间的矛盾，北魏为此付出了相当沉重的代价。虽然孝文帝推行的政策加速了鲜卑族的封建化，但是随着胡族贵族门阀化制度的完善与推行，导致了封建体制下的社会矛盾日益显现。这些贵族靠着剥削人民过上了奢侈富足的日子，而普通百姓的生活却十分困苦，阶级矛盾日益尖锐。北魏孝文帝改革之后几十年，民间大大小小的起义不断。然而，统治者没有妥善处理胡汉以及阶级之间的矛盾，致使历史上著名的"六镇兵变"事件爆发，为北魏的分裂埋下了祸根。

"六镇兵变"的"六镇"指的是位于北魏边境上的 6 个军事重镇，分别是怀朔镇（今内蒙古固阳县）、武川镇（今内蒙古呼和浩特）、抚冥镇（今内蒙古四子王旗）、柔玄镇（今内蒙古兴和）、怀荒镇（今河北张北县）、沃野镇（今内蒙古鄂尔多斯）。统治者建立六镇的最初目的是抵御柔然部的骚扰和侵略。

公元 523 年，柔然境内发生了饥荒，其首领在无奈之下请求北魏政府伸出援助之手。遭到北魏拒绝后，柔然进兵北魏境内抢夺人口和物资，北魏朝廷不得不派出大军北上抗击侵略。柔然军虽被击退，但是北方边境各镇的百姓生活遭遇了极大的困难。

面对承受了饥荒的大批民众，怀荒镇的守将却拒绝开仓放粮赈济灾民，这引起了军民们的不满。眼看人们遭受饥饿之苦，士兵首领终于按捺不住杀了守将赈济灾民，在同一时期的沃野镇，匈奴破六韩拔陵也杀死守将发动了兵变。怀荒、沃野二镇兵变消息一出，周边各镇纷纷响应，六镇兵变爆发。

破六韩拔陵率领朝廷军南下进攻武川、怀朔等镇，但派去镇压叛乱的北魏朝廷军也无可奈何。战事吃紧，负责讨伐事宜的李崇被朝廷罢免，元渊被任命为新的讨伐首领。元渊手下于谨原是怀荒镇叛军首领，后接受招降。于谨熟悉当地文化和各项事务，他建议元渊采取怀柔政策，而不是仅仅凭借军队镇压叛乱。之后，于谨又只身深入高车部落（今贝加尔湖漠北部分游牧部落泛称）劝降。在他的努力游说下，高车答应归降北魏。实际上，于谨冒险劝降高车部落还有其他原因：他料定高车部落的归降会引起破六韩拔陵的不满并派人追击降军，因此利用高车部落的几万人为诱饵就可以钓到破六韩拔陵这条大鱼。

于谨这一计十分高明，破六韩拔陵果然进入了北魏军队设下的埋伏之中。兵败之际，柔然士兵突然从"拔陵军"后方出现，起义军被杀了个措手不及，屡战屡败。之后破六韩拔陵想要南渡黄河却又遭遇北魏军堵截，破六韩拔陵战死。六镇兵变的第一阶段以起义军的失败收场。

来不及庆祝胜利，北魏统治者就发现归降的 20 万人是一个极其沉重的负担，朝廷根本无力妥善安排这些人的去处。因为大批归降军士被散放到冀、定、瀛三州而导致矛盾迅速激化，州县的汉人世族根本无法接纳数量如此庞大的鲜卑人，所以彼此军事斗争一触即发。

公元 525 年，柔玄镇发生兵变。柔玄镇将领杜洛周聚众起义得到当地军民的响应，军队很快发展壮大。没过多久怀朔镇军民也在鲜于修礼地领导下起兵造反。两支军队结成友军攻打北魏各州县，声势浩大。不承想，鲜于修礼很快就被部将杀害而这名部将又被葛荣杀害。葛荣控制了怀朔军之后就杀向杜洛周，柔玄军被吞并，一时间，葛荣成了这百万起义军的领导者。

但是，葛荣手中的军队人员复杂且没有经过统一的军事训练。葛荣仇视汉人，其思想基本可以代表那些眼光短浅的鲜卑军将领。他根本不重视整顿军队的风纪，更没有想到拉拢人心扩张势力以求长远发展的眼光思想，这导致葛荣军所到之处是一片残破景象。

起义军渡过黄河之后向洛阳进发，而这时北魏朝廷局势终于稳定。尔朱荣被朝廷任命为统兵大将率兵攻打起义军。很快，葛荣军大军就包围住了邺城，尔朱荣率领 7000 人马迎战。葛荣一路打下来屡战屡胜，便认为起义军所向披靡不可能战败，也就没把尔朱荣放在眼里。

面对一边倒的战局，尔朱荣决定用计破敌。他将主力藏匿于深山谷中，然后派一支人马到处虚张声势，掩盖真实实力。与尔朱荣相反，葛荣因为过分自傲根本没有认真做战前准备。所以葛荣人马虽多，但很难在战场上操控调度。原本葛荣军就人心不齐，两军刚一对峙尔朱荣就收降了大量起义军，之后尔朱荣亲自率军冲入敌军阵营把葛荣军杀得大败，葛荣本人也被生擒活捉，之后被朝廷处死。

尔朱荣是羯胡大将，他的部落在北魏北方边境拥有十分强大的实力。尔朱荣在人民起义频发的大环境下起家并逐渐掌握了朝中大权，而皇帝形如傀儡，这就为北魏的分裂提供了条件。眼看尔朱荣势力越来越大，朝中的保皇派坐不住了。公元 530 年，傀儡皇帝元子攸联合朝中大臣密谋杀害了尔朱荣。此事一出，尔朱荣的弟弟尔朱兆等人即刻起兵造反杀了元子攸，创造了尔朱氏割据一方的政治局面。

尔朱氏统治下的鲜卑人和他族人民都遭到了大规模的迫害，而这样的残暴统治根本没有得到任何人的支持。公元 533 年，高欢等人起兵消灭了尔朱氏的全部势力。入驻洛阳的高欢执掌了朝政大权，但孝武帝元修由于不愿做傀儡皇帝而出逃至宇文泰处，不久就被杀害。高欢又立元善见为帝，迁都邺城，建立东魏。关中宇文泰在元修死后也另立皇帝元宝炬，建立起西魏政权。自此，北魏彻底分裂为东魏和西魏两个政权。

局势分析

孝文帝改革之前，都城设在平城，而六镇则是平城的拱卫屏障，具有十分重要的地位。随着柔然部的退败和孝文帝迁都洛阳，北魏的政治军事中心转移，六镇的地位也不似以前重要。

迁都之前，驻守在六镇的多是些朝廷亲贵和精英将士，待遇自然非常好。迁都之后，六镇从"宠儿"变成了"弃儿"，不仅军队内部人员混杂，就连军饷也直线下降，这必然招致六镇地区贵族的强烈不满。关于是否任用鲜卑武将一事，北魏朝中出现了两个派系："洛阳派"和"北镇派"。两个派别各执一词、势如水火。

表面上看，六镇兵变是鲜卑武将趁乱发泄不满的结果，从更深一层的角度来说，这次事件体现出了一部分鲜卑人强烈的反汉化情绪。对鲜卑人来说，北魏孝文帝改革严重伤害了他们的感情，但是当权者并没有想采用合理的措施安抚国人的情绪，也因此，在战乱期间出现了一定程度的鲜卑化的回潮。

由此可见，民族问题不管在哪一个朝代都是一个十分严肃的课题。不同民族的相互融合需要一段时间才有可能完成，操之过急往往适得其反。

说点局外事

中华民族的融合进程

民族融合是一个漫长的互相渗透的过程。纵观中国历史，我们能够发现两种形式的融合，一种是采取政治手段强制把一个民族融合于另一个民族，这就是我们常说的"同化"；另一种是通过经济、文化的作用，使一个民族自然融合于另一个民族。这就叫"融合"。而魏晋南北朝是中国历史上第二次民族大融合时期。中国第一次民族大融合时期是在春秋战国。

春秋战国时期，各民族相互兼并、融合并最终成为华夏族，因此当时融合特征是以华夏族为核心，在中国腹地进行融合。

秦汉时期，民族融合的过程有了新的发展，各族人之间的交流更加深入，多民族的封建国家初步建立。

魏晋南北朝时期则是中国古代民族融合的一个高潮阶段，多民族之间相互迁移渗透。到了隋唐，政府开始给予一些少数民族自治的权利。即便如此，历史的脚步也不会停止，民族融合是历史的必然。

宋元时期是中国古代民族融合的第二个高潮阶段，契丹、女真等族人基本已经没有了以前的特色，融入了汉人文化。

明清时期，中国各个民族之间的融合达到了新的高度，但是满汉之间的矛盾却很明显。

侯景作乱

南朝梁武帝时期爆发了历史上著名的"侯景之乱"，东魏叛将河南王侯景在寿阳纠结兵力扯旗造反。公元548年开始侯景率兵南下，一路杀向建康。公元549年，台城（今江苏南京）陷落，梁武帝终惨死于病痛和饥饿中。梁武帝死后，侯景掌握了皇帝的废立之权，之后他变本加厉逼皇帝让位，自立为帝。侯景之乱对江南地区的政治格局、经济文化发展和社会稳定都产生了极其恶劣的影响。侯景军目无法纪四处为非作歹，使人们的生活受到了严重的破坏。

侯景是鲜卑化的羯胡人，性格狂野中不乏奸诈。侯景身体略有残疾，走路不稳。这样的一个叛将首领却能够撼动南朝梁的国本，原因何在？

侯景生性狡猾，很懂得看人眼色，战乱年代，他凭借灵活多变的手段在事业发迹的道路上走得相当顺利。一开始，侯景只是北魏北方六重镇之一——怀朔镇的一个镇兵，由于他很懂得见机行事，逐渐晋升为镇功曹史。公元524年，北魏六镇起义爆发，侯景跟随着北魏大将尔朱荣镇压叛军。对战中，侯景被任命为大军先锋并且活捉了起义军的首领葛荣，立下大功。战后，侯景被封为定州刺史，由此起家。

公元 530 年，大将尔朱荣遭遇刺杀身亡，这时候的皇帝形如傀儡，因此失去了支柱的侯景不得改投了拥有朝廷实权的重臣高欢。侯景坐拥十万大军，实力雄厚，专断集权的高欢看到侯景的归顺自然十分欢喜，即刻加以重用。

过了不久，无法忍受做傀儡皇帝的魏孝武帝出逃关中建立了西魏政权。为了控制朝廷，高欢只得再立新帝。于是高欢挟持新帝元善见建立东魏，与西魏政权遥望对峙。东、西对峙的政治局面导致高欢更加需要侯景的大军做后盾支援，因此高欢再次提拔侯景，给了他统领河南（黄河以南，即鄂尔多斯高原一带）的特权。

实际上，高欢与侯景在很久以前就结下了深厚的友谊。因此，侯景会辅佐高欢不仅仅是出于利益方面的考虑，而是因为这二人有着情同鱼水的关系。侯景得到了专制河南十三个州县的权利，势力更加庞大。但是，高欢深知侯景不是安分守己之辈，无奈当时的政治形势，他根本无法削弱侯景的权利，只得眼睁睁看着后者实力越来越强。

公元 547 年，高欢病危。他料定侯景会在自己死后起兵反叛，于是就在临终之际让长子高澄到身边，告知了他压制侯景叛乱的具体方法。当年，高欢去世，世子高澄接管了东魏的军政事宜。高澄按照高欢的遗训，在高欢去世之后秘不发丧并重用大将慕容绍宗。果然事情如高欢所料，手握重兵的侯景不服管理，与高澄的矛盾日益尖锐。高澄欲将其调离河南，侯景深知一旦失去兵权定会下场凄惨，因此拒不应召。他没想到，这反而给了高澄出兵讨伐的理由。

侯景一看高澄命令慕容绍宗率兵前来，干脆直接以称臣为条件向西魏和梁求援。西魏首先决定接受侯景，以此对抗东魏。但是，西魏的掌权者宇文泰接纳侯景的最终目的在于一步步剥夺他的权力，侯景拥兵十万，一时间无处可去。这时，梁朝答应接纳侯景的消息传来，而梁武帝已经派出大兵准备接应侯景军。

答应接纳侯景军并不是因为梁武帝深谋远虑，而是源于他的一个梦。在侯景方面战事胶着的时候，梁武帝恰巧梦到"中原牧守以其地来降"。他深信这是一个好兆头便执意接纳侯景归顺，根本不听朝臣们的阻拦。

公元 547 年，梁武帝派侄子萧渊明对战东魏大军。萧渊明平日是个只懂得吃喝玩乐的纨绔子弟，对带兵打仗的事根本一窍不通。两军一接触，梁军就被东魏击溃，萧渊明被俘。之后慕容绍宗乘胜攻打侯景军，侯景见状便退守涡阳（今安徽蒙城东）。就这样，双方对峙了几个月，侯景军终因粮草断绝而兵败出逃至梁。侯景被梁武帝封为南豫州刺史，暂时安顿了下来。

这次对战，侯景损失惨重，而梁为了救援侯景，大军也消耗了几万兵士且没有得到任何的好处。相反，东魏政权却在战斗中收复了河南地区，同时驱逐了侯景并削弱了梁的实力，可谓一举三得。

东魏在这场战役中占尽了便宜，于是在战后主动与梁交好。此时的梁武帝也没有与东魏对战的理由，便顺水推舟答应了东魏的请求。然而两国交好却引起了侯景的警觉。事实证明，变幻无常的侯景确实是一个十分危险的祸根。他怀疑梁与东魏之间的频繁交往是两个皇帝在利用自己做的政治交易，就伪造了一封书信送到梁武帝手中。信中，侯景假借东魏方面的语气向梁武帝提出以萧渊明来换侯景的请求，梁武帝果然应允。侯景见到梁武帝的回信之后勃然大怒，立刻决定起兵反梁。

公元 548 年，侯景发表檄文声讨朝中奸雄"三蠹"，并同时于寿阳起兵。梁武帝认为侯景只是一个小小的毛贼成不了大气候，听闻侯景反叛，仍然不以为然。但是很快，面对侯景大军压境的梁武帝笑不出来了。

梁武帝天真地以为侯景不会渡过长江，迟迟不肯在长江方面布防，而这自然为侯景提供了快速渡江的好机会。当梁武帝得到侯景渡江的消息，朝野上下惊恐万分。太子萧纲向梁武帝询问对策，梁武帝却说此事与自己无关，将军国大事一并交由萧纲处理。面对皇帝的推脱，太子萧纲只得担起了平定反叛的重任。朝廷大员们听说侯景进犯的消息人人自危，根本没有人愿意领命出征。此时的侯景领兵到达了距离建康不远的板桥。为了打探情况，侯景借着清除朝中奸臣进入朝堂，梁武帝信以为真就派使者前去安抚。不料，使者被扣押，侯景随即发动攻势。

侯景率大兵围困皇宫所在的台城，太子萧纲等人负隅顽抗。虽然各路诸侯王派兵救援，但是侯景很快就发现梁的士兵毫无斗志。梁武帝的子弟们各怀鬼胎，没有人主动解台城之围，因此实在构不成威胁。侯景将台城围了个严严实实，随着时间的推移，城内粮草断绝，城内饿殍满地。另外，侯景还十分擅长瓦解敌人的斗志，刺激敌人内部产生矛盾和内讧。在他的攻心的策略下，大批梁将投降。最后，台城陷落，梁武帝被俘后于病饿交迫中而死。

公元551年，梁武帝的第七子萧绎打败了前来攻打江陵的侯景。公元552年，梁将陈霸先等人率兵杀向建康，侯景军人心离散，见到官军的旗号就纷纷表示投降。这时侯景发现大事不妙就想逃跑，不料在逃跑的途中就被杀死。侯景之乱到此宣告结束。

侯景之乱对江南地区的破坏长达4年之久，导致梁的国力日渐衰弱。梁武帝死后，拥兵自重的各路诸侯王由于抢夺皇位而混战，梁在内乱中迅速了走向灭亡。从积极的角度来看，由于在侯景之乱中死伤了大批高官贵族，使得南朝梁的门阀制度遭到了极大的破坏，大批具有身份地位的奴仆由此恢复自由，得到了解放。

局势分析

梁武帝萧衍是南朝梁的创建者，同时也是葬送者，在位48年，是南北朝时期在位时间最长的一位皇帝。萧衍的父亲是齐高帝萧道成的同宗族弟，拥有十分高贵的出身。年轻时，萧衍凭借丰富的政治经验和灵活的手段攀上高位，之后称帝建立起南朝梁。

可以说，梁武帝在统治前期的表现是个毫无瑕疵的好皇帝，他严于律己、崇尚节俭、重视教育、虚心听政、十分关心百姓生活疾苦。另外，梁武帝积极扩展国家版图，收复失地，积极进行北伐。种种举动都让梁成了一个实力不容小觑的强国。

但是梁武帝的统治效果却没有想象中那样好，梁朝在梁武帝的统治下人心离散、兵疲民乏。随着年纪不断增加的萧衍日渐昏庸，朝廷内部矛盾加剧，皇子之间的斗争十分激烈。救援与接纳侯景入朝就是梁武帝固执己见的错误决定，直接导致了侯景之乱地爆发、国力的衰退和国家的最终灭亡。

儒将陈庆之

陈庆之，字子云，义兴国山（今江苏宜兴）人，曾经以7000士兵击退了敌军十万攻取了洛阳，是中国历史上有名的南朝军事将领。陈庆之自小跟着梁武帝萧衍，身体算不上强壮，就连普通的弓箭也很难拉开，更不用提骑马杀敌了。但是，陈庆之具有很好的军事头脑，善于出谋划策且富有胆识，治军有方。因此，陈庆之在军中具有很高的威望。

萧衍很喜欢陈庆之，原因之一是他喜欢下棋。萧衍喜爱下棋，这大家都知道，可是他迷恋下棋已经到了废寝忘食的地步。当其他人都已经筋疲力尽放弃与他对弈的时候，只有陈庆之总是有充足的经历和他一起下棋。

公元502年，萧衍称帝，作为萧衍家臣的陈庆之得到重用。这时候的陈庆之只有18岁，但是却有一腔报国之心，他四处招募精兵良将想要提高国家的军力。后来，在北伐中，陈庆之尽显其才能，带领兵士以气吞山河的声势打了一场大仗。

公元539年，陈庆之离世，享年56岁。由于他政绩卓著，梁武帝为他安排了十分隆重的葬礼，并另加追封。

北周灭北齐

北周又称后周，国家基础由西魏重臣宇文泰奠定，他的儿子宇文觉正式建立起北周政权。北周政权持续了24年，历经5位皇帝，其中周武帝宇文邕拥有雄才大略，一生有三大作为：杀死宇文护、统一北方和宗教排佛。

宇文护是宇文泰的侄子，在跟随宇文泰南征北战的过程中建立了不少功勋，此人能征惯战且心狠手辣。当他听说新帝宇文觉等人对他的专横不满打算发动政变的时候，宇文护丝毫不顾宗室感情毒杀了宇文觉。但是敢闯敢杀的宇文护并无大智谋，也不懂治国安邦之道，这致使他在弑君之后不敢称帝，而是立了宇文泰庶长子为明帝。据记载，北周明帝是个聪明睿智的人，但是登基没过多久也被宇文护杀死。年仅17岁的明帝临终前口头传谕，将皇位传于兄弟宇文邕。

宇文邕是宇文泰的第四个儿子，即位时也不过 18 岁，史称北周武帝。宇文邕性格坚毅中透着隐忍。他知道刚刚成为皇帝的自己无法对抗穷凶极恶的宇文护，便将军政大权交给他，苦心隐忍了十几年。公元 572 年，宇文邕趁宇文护觐见太后的机会联合兄弟宇文直发动政变，亲手杀了这个仇人。政变后，宇文邕改年号为建德，宇文护的党羽被武帝剿灭。在宇文邕的统治下，北周进行了一系列的改革，国力逐渐强盛，随之统一北方的计划被提上了日程。

北周在讨伐北齐时并没有十足的把握能够取胜，但是北齐自开国君主死后昏君辈出，国内政治腐败，政权更显不稳。北齐后主高纬对乐理颇有研究，但却没有治理国家的才能，是中国历史上著名的昏聩之君。高纬在位期间，经常扔下朝政事务与后宫和宫女纠缠一起、肆意妄为。

公元 572 年，北齐后主高纬误信谗言，杀了一代名将斛律光。

斛律光是北齐的军事顶梁，通晓军事，曾经跟随多位皇帝南征北战，为北齐立下汗马功劳。在北齐与北周的对战中，斛律光显示出了惊人的军事天赋，多次打败北周大将韦孝宽。之后韦孝宽放弃正面进攻，借着北齐内部人心离散的机会放出谣言，诬陷斛律光图谋不轨、密谋篡位。身居宫中的高纬不辨真假，直接将斛律光骗入宫中杀死。杀害忠臣良将是自毁长城的行为，满朝上下无不悲痛。不过，这对于北周一方来说却是一个极好的消息。

公元 575 年，周武帝御驾亲征讨伐北齐，拉开了北周统一北方的大幕。周武帝的第一目标是洛阳，他希望可以快速攻下洛阳直逼邺城。在宇文泰时期有过先例，手下军士建议他率先出兵太原。不过武帝不停劝阻执意攻打洛阳，军士们也无可奈何。事实证明，将士们的判断是极为正确的。想要攻打洛阳，北周军队必须先攻克河阴等军士重地，因此这次北伐战争打得十分辛苦，北周军由攻势转入了被动的局面。

武帝一看形势不对，立刻退兵，回国休养了一年。一年后，武帝再次领兵出战。面对国内将领的胆怯，武帝提出了死命令逼迫北周军走向前线。这一次，北周军的首要目标是占领平阳城。平阳城之战，北周军创造了中国历史上的一次战争传奇。平阳城易守难攻，武帝在分兵阻挡北齐军救援的同时亲自上阵率领周军强攻城池。对战中，北周将领凭借超强的武艺直接登上城墙劫持了守城的主将，平阳城即刻陷落。

在北周皇帝带领军队在前线厮杀对战之时，北齐的皇帝高纬正在和后宫宠妃打猎玩乐。右丞相听闻交战的消息，以为是边疆小战事，不值得禀报担心破坏皇帝的心情。直到当天夜里平阳城守军溃败，他才向后主高纬禀报此事。谁想到听完奏报的高纬根本无动于衷，竟然又兴高采烈地开始玩乐。

11月，高纬率兵亲征到达平阳，期间还不忘带着宠妃冯小怜。北周武帝见北齐军刚到士气正旺就采取了避其锋芒的策略，率大兵退回长安并留下梁士彦守卫平阳。原本北齐军通过挖通地道的方法获得了攻打平阳城的好机会，这时，高纬突然下令停止攻城。原来，高纬是要等冯小怜梳妆打扮好之后出门观看战事。这下子，齐军彻底失去了收复平阳城的好时机。

不久之后，武帝率领大军与北齐展开决战，两军实力相当，一时间难分上下。后来，冯小怜见北齐侧翼稍微后退就惊叫起来。高纬一看宠妃慌了神便立刻带着她逃离战场。北齐将领极力劝阻，皇帝全部视而不见。战场上皇帝一逃跑，军中立刻大乱。北周军趁机猛攻齐军，北齐的主力被消灭。昏庸的皇帝高纬见状依然无动于衷，说道："只要冯小怜没事，打败仗又算得了什么。"

平阳之战后，北齐军退守晋阳。其实，只要高纬率兵众守住粮草充足的军事重镇晋阳，北周军也捞不到更多的好处。可是，最后北周却没费吹灰之力就夺得了晋阳城。原来，北周攻打晋阳的时候已经是严冬季节，不宜再战。在武帝下令撤军后没多久，冯小怜就多次请求高纬返回邺城而放弃守卫晋阳，高纬禁不住冯小怜的软磨硬泡就这样弃战而归。

得到晋阳的周军剑锋直指邺城。但是城中的十万将士看到皇帝高纬的昏庸的样子皆无心再战。更荒唐的是，高纬在北周军打到城下的时候将皇位直接传给了幼子，之后依旧尽情享乐。

公元577年，北齐都城邺城被周军攻破，后主高纬带着宠妃和儿子出逃，之后被抓。自此，北齐灭亡，中国北方重归一统。北齐亡国之后不久，北周武帝就因病去世。

局势分析

公元550年，高氏夺取了东魏的政权自立为帝，建立了北齐。公元556年，宇文氏则篡夺了西魏的政权建立起北周。北齐的版图内囊括了山东、山西、河北、安徽以及河南的大部分地区。北周则掌控者了宁夏、陕西、甘肃、四川、湖北和河南的部分地区。

相较而言，北齐的经济、军事实力比北周要强，但是统治者多昏晕，北周虽然在经济、军事方面的实力欠佳，但是国家内部政治局势相对稳定。北周武帝攻打北齐经历了三场比较重大的战争，分别是：河阴之战、平阳之战和邺城之战。

北齐建立于北朝末期，是一个鲜卑化政权。在北齐存在于中国历史的几十年里，昏君辈出、奸臣当道，阶级以及民族矛盾十分突出，虽然军事实力很强但是国家内部十分腐败却为北齐灭亡埋下了祸根。比如武成帝，在位期间十分依赖和士开，导致和士开独揽大权，任人唯亲。和士开死的时候，洛阳举城欢腾。时至末帝，北齐政权已经摇摇欲坠，昏聩的高纬却仍然不思进取，整日过着荒淫的生活。

因此，北齐的灭亡从本质上说并不是北周讨伐的结果。北齐统治者不但没有处理好国家内部矛盾反而激化各方不满情绪而自毁长城。国家内部衰弱空虚，再加上外力，北齐灭亡是不可避免的了。

说点局外事

三武一宗灭佛

在中国历史上，围绕国家政治与佛教的矛盾，出现过几次大的排佛运动。北魏太武帝时期、北周武帝、唐武宗和后周世宗时期的几次灭佛运动合称为"三武一宗灭佛"。

据史料记载，佛教于汉明帝时期传入了中原地区。自佛教出现以来，经历了几次大起大落。佛教的极盛时期在是南北朝和中、晚唐，当时的人们对佛教极为推崇，甚至到了疯狂的地步。然而，如此大肆发展必定会影响国家经济的发展和政治的稳定。

当时国内佛教寺庙林立，寺院中聚集了大量的社会财富。同时佛教寺庙还享有免税等特权，导致了社会发展的不平衡。另外，由于寺庙中的僧侣不需要从事劳役活动，手中还握有大量的人口，导致了国家的劳动力严重不足。

宗教的发展还引起了世俗统治阶级的强烈不满，矛盾日益激化，这些最终酿成了灭佛惨剧。三武一宗灭佛的缘由各不相同，但总结起来不过是涉及了政治、思想、经济利益等几个方面。

魏太武帝与北周武帝两位皇帝并不推崇佛教，而是尊崇道教，因此二人灭佛的原因有相似之处。唐武宗时期的灭佛运动与宗教无关，而是佛教严重阻碍了经济发展。从客观角度来讲看，三武一宗灭佛在一定程度上有利于国家经济发展和社会安定，但是同时也对佛教文化进行了大肆地破坏，使佛教事业遭受了严重的打击。

陈朝的建立

陈朝是南朝中实力最弱、版图最小的一个国家，由陈霸先建立。陈霸先，字兴国，祖先是东汉名士陈寔。虽然家世低微，但是陈霸先深知在战乱年代想建业发展就要多读兵书学习带兵打仗之法，同时学习武艺。凭借军事方面的卓越才能，陈霸先逐渐发迹。侯景之乱之后，南朝政局十分混乱，陈霸先则趁此机会消灭了各地的割据势力建立了一个相对安定的国家。

公元548年，时任广州刺史的北魏宗室元景仲勾结侯景共同叛乱。第二年，陈霸先杀了元景仲并在岭南财阀的支持下发兵征讨侯景。公元550年，陈霸先率兵与湘东王萧绎大军会合。会师的路上，沿途的很多财阀都争先恐后地加入陈霸先的军队，陈军迅速壮大起来。

萧绎是梁武帝的第七子，手下大将是王僧辩。陈、萧两军会师之后，凭借讨伐侯景的共同目标而结盟。公元552年，联军攻陷建康，迎萧绎为帝，侯景被灭。萧绎在江陵称帝后，分别加封陈霸先和王僧辩两位功臣为司空兼扬州刺史和太尉，二人在地位上不分伯仲。之后，萧绎与西魏反目，西魏大军攻陷江陵，梁元帝萧绎被杀死。事发突然，陈霸先和王僧辩二人谁也没有成功救出萧绎。梁元帝死后，两位重臣只得拥立萧方智为帝。萧方智为梁敬帝，即位时年仅 13 岁。

公元 555 年，陈霸先与王僧辩之间的矛盾激化，最终演变为一场权力之争。当时，王僧辩逐渐总揽了朝廷大权，而身为征西大将军的陈霸先虽然位高但却权轻。陈霸先对僧辩独掌大权的举动十分不满，残酷的政治斗争一触即发。与此同时，这个幼子为帝的朝廷不仅仅面临内忧，也不得不面对外患。北齐高洋听说江陵陷落之后也出兵讨伐，企图趁机控制梁朝。

为此，北齐皇帝高洋和被扣押在北齐的萧渊明分别写信给王僧辩，规劝他迎接萧渊明回国称帝。萧渊明是梁武帝侄子，王僧辩看到书信便知北齐图谋不轨，于是断然拒接了其要求。高洋一看无法和平解决，便出兵攻打皖城、东关等地区。面对北齐的军事威胁，王僧辩只好妥协答应称臣，迎接萧渊明为新帝。王僧辩的胆怯行径激起了梁朝上下的不满，陈霸先手中没有实权，只得苦劝，无奈王僧辩根本不听劝阻一意孤行。不得已，陈霸先开始暗中准备政变推翻王僧辩。

这时的北齐军队已经准备出发南下，这为陈霸先的出兵提供了一个很好的理由。之后陈霸先进攻了王僧辩的大本营——石头城，杀死了王僧辩并逼迫萧渊明退位。萧方智复位之后，改年号为绍泰，大赦了天下。由于北齐的实力强劲，陈霸先就派人以王僧辩阴谋篡位造反为由告知了北齐王僧辩的死讯，并谦恭地说仍愿意做北齐的附属国。实际上，朝廷内部的军政大权已经完全掌握在了陈霸先手中，北齐根本没有真正控制住梁朝的能力。

到手的鸭子就这样飞走了，北齐君主自然是不甘心的。公元 556 年，北齐出兵十万向南攻打梁朝。由于实力差距过大，陈霸先的队伍只在前哨战中打赢了北齐军，之后北齐军不断向南挺进直逼建康。一时间，建康城内人人自危，就连皇帝也在护卫下离开了皇宫。危急时刻，陈霸先显示出了过人的军事才能。他放弃与北齐大军主力硬碰硬，绕道北齐后方切断了其粮草补给。

北齐大军人数众多，被切断补给线，大军便很快陷入了粮食耗尽的窘境。当时正值 6 月，江南地区雨水不断，北齐大军陷入泥泞无法前进。与此同时，陈军这方面形势也不容乐观：建康被围得水泄不通，补给线同样被切断，城中战士饥饿疲劳，如果再没有补给很快就会兵败。天无绝人之路，窘迫之际，陈霸先的侄子送来了食物，陈军这才得以继续战斗。

休整之后，陈霸先率军对被齐军发动猛攻，北齐军队被追得跑到了临沂，大败而归，这一战使得梁朝彻底摆脱了北齐的控制。战后，陈霸先确立了自己在朝中的地位。第二年，他便着手篡位称帝。10月，陈霸先接受禅位建立了陈朝，史称陈武帝。新朝建立后，陈霸先重用地方豪强，给他们高官厚禄以稳定陈朝的局势。只不过，地方势力的迅速发展必定会威胁皇帝的统治，然而没过多久一些拥兵自重的地方力量就被消灭了。

局势分析

陈霸先辅佐的梁朝经过几次大的变动之后已经呈现出分裂的趋势。地方将领拥兵自重，蜀中地区被西魏占据，淮南地区的大部分都被东魏侵占。

陈霸先的起家和刘裕有相似之处。两人出身都不高，都是凭借着出色的军事才能一步步走上领导之位的。在四处征战的过程中，两人都为前朝做出过十分重大的贡献。另外，两人都没有过做几年皇帝便去世了。

不过，刘裕建立的刘宋王朝和陈霸先建立的陈朝也有很多的不同之处。刘裕建国之时，中国南方的实力比北方要强悍，而陈霸先建立陈朝时，南朝已经迎来末期，北周和隋逐渐强盛，所以陈朝注定无法长久。

另外，陈朝自建立以来内忧外患未断。国内方面，陈朝国力十分衰弱，甚至一度到了要卖官聚财的程度。国外方面，陈朝建立之初同时面对北齐、北周、西梁和江南内部的反对势力。因此虽然陈霸先最终成功建立了新朝，但是国家政权并不稳定，朝内朝外都是危机四伏。

说点局外事

岭南圣母

冼夫人即谯国夫人，被尊为岭南圣母。冼夫人原籍广东高凉人，在梁朝侯景之乱的时候参与平定叛乱并结识了陈霸先。

侯景之乱中，冼夫人多次为冯宝提出了正确的建议帮助他免遭不测。后来，冼夫人率兵与陈霸先军会合后，认定了陈霸先是一位能够平定叛乱的枭雄，便劝冯宝重用此人。

广东省湛江雷州市内立有一座冼夫人庙，冼夫人庙的始建时间现今已经无从考究，但它是湛江地区唯一一座祭祀冼夫人的庙宇。1514年，冼夫人庙进行过一次重修，原本的正厅坐北朝南，庙宇由正厅、拜亭、前厅、围墙和两栋炮楼构成。1921年，冼夫人庙被国民军以破除迷信的理由拆除，1998年再次重修。

南北归一统

陈霸先建立陈朝之后尽心尽责，可以说是一个称职的皇帝。陈朝初期，南朝政局不稳，经济和文化因为战乱呈现出十分衰败的迹象。陈霸先从政廉洁，不管是前朝还是后宫都十分节俭。另外，只要不是有紧急的战事，他从来不会轻易征兵扰民。陈霸先的治国策略使得百姓生活日益安稳，国家经济文化开始恢复并发展。只可惜，这样一位有作为的皇帝在位3年便去世了。

随后，陈霸先的侄子陈蒨即位，史称陈文帝。面对侯景之乱后江南地区的割据局面，陈文帝积极平定地方豪强势力，统一了江南，使得陈朝的疆土基本稳定在珠江以及长江中下游以南地区。陈文帝深知陈朝创立以及守业的艰苦，所以十分崇尚简约的生活方式，勤于政务。经济方面，他重视农业生产的发展。在陈文帝统治期间，江南地区社会秩序趋于稳定。

公元566年，陈文帝去世，他优柔寡断的儿子陈伯宗即位。陈伯宗毫无把持朝政的才能，没过多久国家的军政大权就落入了他的叔父陈顼的手里。公元568年，陈顼在清除异己之后篡夺了王位，史称陈宣帝，原本的皇帝陈伯宗被贬为临海王。陈宣帝共在位14年，并没有雄才大略却十分热衷于北伐之事。

当时的北齐朝廷十分腐败，而陈宣帝一直想要收复淮南地区的失地，于是应北周邀请共同征讨北齐。公元573年，陈宣帝派十万大军征讨北齐，两军决战于吕梁。最后，北齐军队被杀的大败而归，而陈朝大将则趁机收复了淮南失地，陈的北伐一举成功。北齐高纬听说战败的消息，起初感到十分恼火，但是之后却在朝中奸臣的蛊惑下放弃了重整旗鼓的念头。

不过，陈宣帝并没有乘胜追击，目光短浅的陈顼不知道自己就这样失去了收复中原地区的一个绝好机会。后来，陈宣帝想要攻打政局仍不安定的北周，以收复黄河以下的大部分地区。这个计划遭到了一些大臣的反对，而陈宣帝不分青红皂白就将反对者全都撤了职。

公元 582 年，陈宣帝去世，长子陈叔宝即位。陈叔宝也被称为陈后主，虽然颇具艺术天赋但是荒淫无度，是个彻头彻尾的享乐主义者。他整日与后宫嫔妃或者狎客饮酒玩闹，很少理会朝政大事。为了建造豪华的宫殿佛寺，陈后主大肆铺张浪费国库资金，在他统治下的陈朝官场腐败黑暗，百姓民不聊生。

陈叔宝十分宠爱张丽华张贵妃。张丽华本是龚贵妃的侍女，出生低微，后被陈叔宝看中封为贵妃。虽然张丽华出身不高，但是却十分聪慧，很会揣测他人的心意。因此，在后宫之中，张丽华很受尊敬，很多宫女嫔妃都极言她的好处。另外，这位张贵妃还有一个绝活——厌魅方术，经常做些装神弄鬼之事。陈叔宝在处理政事的时候，总要将张丽华带在身边帮助他裁断军政大事。

陈叔宝听不得责备之言，那些敢于直言朝政弊端，指责其错误的良臣均被革职查办。这样昏庸的陈后主身边聚集了一群谄媚的宦官，而这些宦官与亲信相互勾结组成了庞大的党羽。他们陷害忠臣、大肆排除异己，经常做些违法乱纪的勾当，导致陈王朝内部腐坏，官员堕落。

陈后主的荒淫无道和陈朝的腐败引起了隋文帝杨坚的重视。经过与众位大臣商议，杨坚决定出兵讨伐陈国。杨坚写下诏书，列出陈叔宝 20 条大罪，之后又派人抄写了 20 万份，让消息传遍江南地区。公元 588 年，隋文帝任杨广为主帅，分兵攻向陈朝。

隋朝大军按照先前计划水陆并进进攻陈朝，与之相比，陈朝的防守工作却毫无作为。实际上，当时的陈朝拥有 20 万守卫军，如果采用正确的对战之法也并非毫无胜算概率。

隋军一路过关斩将很快就控制住了长江上游地区，建康局势岌岌可危。事不宜迟，隋朝大军随后渡过了长江，陈朝各郡县州府纷纷向朝廷发出告急文书请求援助。然而，陈叔宝见到告急文书却认为这是将士们传来的假情报。身边宠臣也奉承迎合，陈叔宝更加肆无忌惮。

公元589年，隋朝大军部轻松抵达了雨花台，守城将领投降隋军之后直接引韩擒虎进入了都城建康。此时，隋军的另一部也赶到了建康，陈朝官员一看大势已去纷纷逃散，陈后主身边只剩下了尚书仆射袁宪一人。眼见隋军进入皇宫，袁宪让人将陈叔宝和两位贵妃藏到了井中，但是很快就被隋兵发现，陈叔宝被俘。由于陈叔宝的判断失误，这次讨伐并没有使江南地区遭受很大的破坏。自此，隋朝基本统一了中国全境，封建社会进入了一个新的历史时期。

局势分析

晋灭吴之后，隋朝灭陈之战是中国历史上第二次大规模的渡江战役，陈朝灭亡之后，中国终于走向大一统的新时期。

再来看看陈后主陈叔宝。陈叔宝是中国历史上有名的亡国之君，他在文学上颇具才华，曾写出了很多好作品。只可惜，陈叔宝的身份并不是一届诗人，而是一位皇帝。陈叔宝在位期间，大修宫殿庙宇，极尽奢靡之风。在这一点上，隋文帝与陈叔宝正好相反。隋文帝是一个勤俭的人，当他看到陈叔宝那极其华丽的宫殿时，竟然命人将其付之一炬。

陈后主爱美人并且极端宠爱张、龚、孔三位贵妃，还为他们量身打造了三座香阁，期间使用了大量名贵的木材和珠宝装饰。在政事上，陈叔宝对发展国家政治、经济等一概没有兴趣，他只懂得搜刮百姓，从人民的身上榨取更多的财富满足其穷奢极欲的生活。

然而就是这样的一个昏聩皇帝却得到了善终，这又是什么原因呢？

隋文帝杨坚对待陈国的大部分臣子采取了十分宽容的政策。当陈叔宝被隋军发现并带回长安后，隋文帝问他有什么愿望，没想到陈叔宝只提出了一个让人啼笑皆非的要求——"得一官号"。这让隋文帝认为陈叔宝是个全无心肝的酒囊饭袋，根本构不成任何威胁。最后，陈叔宝病死在了洛阳，享年52岁，与隋文帝杨坚在同一年去世。

后世有人认为，陈叔宝在被俘后的表现并不是他真的傻，而是在极尽所能地装傻。因为他知道，只有这样隋文帝才能被蒙蔽而让其善终。

说点局外事

《玉树后庭花》

《玉树后庭花》，宫体诗，又被称为亡国之音。《玉树后庭花》的作者是陈朝后主陈叔宝，从诗歌中就可以看出，作为皇帝陈叔宝的昏庸与荒淫无人可比，但是作为一名诗人，陈叔宝是具有一定才华的。陈被灭时，陈后主正在皇宫中与嫔妃玩耍，《玉树后庭花》的盛行正显示了陈朝覆灭的过程。

如果仅从诗歌艺术角度来看，《玉树后庭花》是一首传世作品。诗中利用动态，从侧面角度描写了宫中的景象，诗体结构紧凑，意境优美。

玉树后庭花

陈叔宝

丽宇芳林对高阁，新装艳质本倾城。

映户凝娇乍不进，出帷含态笑相迎。

妖姬脸似花含露，玉树流光照后庭。

花开花落不长久，落红满地归寂中。